QU YUAN
屈原的故事

王艳娥◎主编

榜样的力量

榜样的力量是无穷的，好的榜样能给我们积极的思想、正确的行为、良好的习惯、完善的人格。树立了榜样就等于找到了自己前行的方向。

榜样是无比强大的力量源泉。

北方妇女儿童出版社

图书在版编目（ＣＩＰ）数据

屈原的故事/王艳娥编著. -- 长春：北方妇女儿童出版社，2010.2（2021.1重印）
（榜样的力量）
ISBN 978-7-5385-4368-1

Ⅰ.①屈… Ⅱ.①王… Ⅲ.①屈原（约前340～约前278）—传记 Ⅳ.①K825.6

中国版本图书馆CIP数据核字(2010)第020184号

屈原的故事
QUYUAN DE GUSHI

出 版 人：刘 刚
责任编辑：张 力 刘聪聪 于 潇
开　　本：650mm×960mm　1/16
印　　张：12
字　　数：128千字
版　　次：2010年2月第1版
印　　次：2021年1月第6次印刷
印　　刷：三河市三佳印刷装订有限公司
出　　版：北方妇女儿童出版社
发　　行：北方妇女儿童出版社
地　　址：长春市福祉大路5788号
电　　话：总编办：0431-81629600

定　　价：33.80元

序言

"江山代有才人出"，在人类历史的长河中，涌现出一大批影响世界的风云人物。他们或者是杰出的政治家，凭着超乎常人的坚强毅力为国家和民族的前途引路；或者是卓越的科学家，为探索自然奥秘、改善人类生活而不懈努力……总之，他们由于在某一方面做出了杰出的贡献，已成为历史长河中的航标，引领着人类走向更加深邃的精神世界和更加精彩的物质世界。

这套丛书不仅告诉你名人成功的事实，更重要的是展示他们奋斗的历程，展现他们在失败和挫折中所表现出的杰出品质，从中我们可以吸取一些有益的精神元素。

这套丛书具有以下几个特点：

一是人物全面。本套丛书精心选取了从古至今全世界40位具有代表性的政治家、科学家、文学家、艺术家……这些人物均在各自的领域做出了卓越的贡献，对人类历史产生了重大影响，因此被广为传颂。

二是角度新颖。本套丛书不是简单地堆砌名人的材料，而是选取他们富有代表性或趣味性的故事，以点带面，从而折射出他们波澜壮阔、充满传奇的人生和多姿多彩、各具特点的个性。

三是篇幅适当。每篇传记约10万字，保证轻松阅读。本套丛书线索清晰、语言简洁、可读性强，用作学生的课外读物十分理想，不会加重他们的负担。

四是一书多用。本丛书是一部精彩的名人故事集锦，能够极大地开阔青少年的视野，同时还可以作为中小学生的写作素材库。

培根说："用名人的事例激励孩子，胜过一切教育。"榜样的力量是无穷的，而名人是最好的榜样，向名人看齐，你将离成功更近！

人物导读

　　屈原是我国古代伟大的浪漫主义、爱国主义诗人。作为一位杰出的政治家和爱国志士，屈原爱祖国、爱人民、坚持真理、宁死不屈的精神和他"可与日月争光"的人格，千百年来感召和哺育着无数中华儿女。屈原的出现不仅标志着中国诗歌进入了一个由集体歌唱到个人独创的新时代，而且他开创的新诗体——楚辞，突破了《诗经》的表现形式，极大地丰富了诗歌的表现力，为中国古代的诗歌创作开辟了一片新天地。后人也因此将《诗经》与《楚辞》并称为"风、骚"。"风、骚"是中国诗歌史上现实主义和浪漫主义两大优良传统的源头。

　　屈原一生虽怀抱着崇高的理想，积极用世，可惜君王不悟，群小妒贤，两次遭到流放。在漫长而痛苦的流放过程中，屈原徘徊山泽，报国之志无处可伸，悲愤之情无处可诉，最终化为惊天地、泣鬼神的精彩华章。他的作品文字华丽，想象奇特，比喻新奇，内涵深刻，成为中国文学的起源之一。

　　1953年，在屈原逝世2230周年之际，世界和平理事会通过决议确定屈原为当年纪念的世界四位文化名人之一。

　　屈原热爱祖国的崇高思想，毫不妥协的斗争精神，为理想献身的忘我豪情，以及在文学上的巨大成就，是中华民族宝贵的精神遗产。我们相信，屈原的诗歌连同他高尚的人格，早已化为人类历史夜空中的一颗明星，在无尽的暗夜中，永远温暖着我们的心灵。

CONTENTS 目录

CONTENTS

第一章

无忧的青春

美丽的秭归

秭（zǐ）归，是一座位于长江边的美丽小城。从高山峡谷奔腾而来的江水从城边经过，长江两岸则是一片片绿油油的田野，田野上散落着座座村落。秭归这个名字，来源于一个美丽的传说。

当年屈原在汨罗投江后，给他在老家的姐姐托梦，说要从长江回来。他的姐姐就在长江边等候，一直等到五月初五这天，才看见一条大鲟鱼驮着屈原的遗体向他们等候的地方游来。

一起等候了很多天的乡亲们看见江里有很多的鱼，担心鱼会侵损了屈原的遗体，就赶紧向江里投掷准备好的粽子、肉包子和熟鸡蛋。

屈原的姐姐对着鲟鱼呼唤："我哥回，我哥回！"那鲟鱼便游到屈原姐姐站立的江边，将屈原的遗体轻轻地放在她的脚边，然后一步三回头地游回了江水深处。

乡亲们马上用事先准备好的艾蒿和蒲叶放在屈原的身上，用雄黄酒驱蚊防腐，清洁遗体。

爱戴屈大夫的乡亲们将他安葬在家乡的山冈上，并修建了一座巍峨的祠庙供奉他。由此，屈原回归的地方就叫做了"秭归（秭通姊，这里指兄弟）"。

秭归县西陵峡村的新滩河边，有一块半间屋大的石头。它的上面有个铜钱大的小洞，下面却有个脚盆大的喇叭口，只要你用嘴巴对准上面的小洞一吹，便会发出呜呜的声音，和海边渔民吹的海螺声一模一样。当地人叫它海螺石。

据传那条从汨罗江驮屈原遗体回乡的大鱼，爱上了归州的地盘，怎么也舍不得回洞庭湖去了。因此，有人经常在新滩和泄滩之间发现这条大鱼露出水面。人们都说这条鱼"上不过泄滩，下不过新滩"。

传说这条大鱼是洞庭仙子变的。她早年曾在洞庭湖救过一只海螺精，为了感恩，这只海螺精一直跟随在仙子左右，听候使唤。当洞庭仙子被屈原的爱国精神所感动，决定把投江后的屈原送回归州时，海螺精想到长江滩大浪急，加上沿途水怪众多，怕仙子身单力薄，难以抵达归州，便跟随仙子从洞庭湖来到长江，再来到归州。一路上，它为仙子鸣号开道，排凶斩怪，终于历尽千辛万苦护送洞庭仙子到了归州。

仙子决定留在屈原的家乡以后，便要海螺精返回洞庭湖，她不愿海螺精在窄小的三峡受憋和吃苦。但海螺精早已被仙子感动，它向仙子表明，愿和仙子同在三峡。仙子要它找一个安身之处，海螺精早就选中了新滩。它看到新滩

浪大，经常翻船，上水船的桡（ráo）夫子拼着命也难得把船拉上滩。于是海螺精便在新滩水最急的上滩边安下身来，变成了这块海螺石。为上水船和打张的船围纤藤、拴缆绳。万一江上无风，桡夫子便爬上海螺石，对准洞口一吹，江

◎桡夫子：桡，船桨。川江里的船，多半用桡子，安在船头上，左一支右一支的间隔着，人推着依靠水的阻力使船前进。这些推桡子的，大家管他们叫"桡夫子"。

上顿时会起风吹帆，船也容易过滩了。

据说要是气力很大的人，把"呜呜"声吹得又高又尖，还可以看到那条大鱼的头冒出水面来呢！

公元前340年（楚宣王三十年）夏历正月二十三日，按照我国古代的干支纪年法，那天正好是寅年的寅月庚寅日，秭归（今湖北秭归）乐平里的一个下级官吏家里诞生了一个男婴。

◎干支纪年法：即以甲、乙、丙、丁、戊、己、庚、辛、壬、癸为天干，子、丑、寅、卯、辰、巳、午、未、申、酉、戌、亥为地支，把干、支顺序配合。如甲子、乙丑等，经过六十年又回到甲子。周而复始，循环不已。

这家的男主人伯庸因为儿子这个不平常的生日——寅年寅月庚寅日而兴奋不已，这个得天地之正中的良辰吉日也许是个好兆头，说不定他将来能成大器呢！伯庸久久凝视着襁褓中的婴儿，按照出生时的天文星象，给他起名叫平，字原。

屈原的祖先曾与当时楚王室同祖。屈姓在楚国属于三大

家族之一，声名显赫。祖辈中出现过一批楚国的重要人物，如楚武王时期率兵打败郧（yún）国、讨伐罗国的屈瑕；如楚成王时期接受国王的使命，与前来进攻的齐国军队谈判，以理服人、不畏威势的屈完，如楚庄王时期跟随楚王攻打晋国，生擒晋国大将赵旃（zhān），取得重大胜利的屈荡等等。屈原的好几位祖辈还在楚国朝廷里担任"莫敖"一职。这一职务权力很大，不但可以参与很多朝廷内的政治活动，掌管宗教，还可以率领军队，甚至能够代替楚王率领全国的军队作战。

然而，等到屈原父亲这一代时，屈氏家族在楚国朝廷中的地位大大下降。屈原的父亲伯庸，虽然属于官吏，但已非重要人物，也无多大的实权。加上屈原一系在其家族中并非嫡长子，按照古代嫡长子继承先祖领地和封号的"采邑制"，屈原先辈这一支没有资格继承没落贵族家族仅有的富贵，而只能成为大家族边缘的旁枝，实际身份与"庶民"（即平民）并无两样。所以屈原日后成名，依靠的不是祖辈的荣耀和家庭的庇荫，而是他自己的才华、正直和勇气。

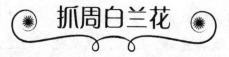

抓周白兰花

小屈原的家境也算富足，吃得饱，穿得暖，无冻馁之苦；他长在蜜糖罐中，香喷喷地睡，甜蜜蜜地笑。他在爱护中发育，在赞誉声中成长，转眼已满周岁。

屈原所生之正月初七日，不仅符合人的生辰，大吉大

利，而且正值新年，普天同庆，阖（hé）家团聚。屈府上下十多口人，无一缺漏，连在郢都为官的伯庸也回来了，加上前来庆贺的亲朋好友，更是热闹异常。

屈府大门张灯结彩，府内鼓乐齐鸣，笑语喧哗，人们进进出出，接踵摩肩，全都身着节日盛装，俏男、俊女、髯翁、白婆，无不喜气盈盈，笑逐颜开，今天是屈原的第一个生日，活泼可爱的小家伙要在今天抓周。

室内室外挤满了人，连窗外也层层叠叠，水泄不通，致使室内的光线暗淡了许多。祖母柳氏盘膝坐于床头，双手抱住小孙孙屈原的腋下置于膝上，伯庸夫妇立于床侧，丫鬟秋莲左右服侍。

今天，小屈原的情绪特别高昂，圆瞪着一双机灵的大眼睛，艰难地转动着那支撑着大头颅的脖颈，眯眯微笑之外，颇带几分惊奇，仿佛在说："啊呀，来这么多人干什么呢……"大约因为过于兴奋之故，不时地手舞足蹈，弄得祖母颇有些招架不住。

宽大的象牙床上，陈列着许多供孩子抓的物件，诸如精制的笏板、玉带、金银、珠宝、简牍、文房四宝、弓箭刀枪之类。抓周，这是古老的中华民族普遍的习俗，孩子一周岁这天，家人们会摆放出形形色色具有象征意义的东西，让其随意抓取，以试其爱好、追求，以及将来的造诣和成就。

譬如，抓金银珠宝，预示着孩子将来必发财；抓笏板、玉带，将来必是官宦；抓弓箭、刀枪，将来必为将帅等。其实，这是毫无道理的，不过是人们望子成龙的心理体现。

庄严的时刻到了，大家的目光聚光灯似的集中到了屈

原身上。屈原趴伏于床，祖母依然双手拢着他的腋下。他瞅着这光怪陆离的世界，似乎件件新奇，样样可爱，看花了眼，弄晕了头，不知究竟喜欢什么，该抓何物，目光在这些闪耀着奇异光环的物件上转悠，分析着，判断着，一时拿不定主意。

在场所有人的眼神，都在跟随着屈原的注意力扫来荡去，屏息凝气地等待着，期盼着，尤其是他的父母。突然，屈原探身伸手，向着较远的地方比比画画，嘴里还"呀呀呀"地在说些什么。

祖母柳氏似乎心领其意，急忙勒了过去。小屈原伏下身去，于琳琅满目的什物中毫不犹豫地抓取了一枝玉雕白色兰花。众人见了，有的鼓掌，有的欢笑，有的赞美，有的摇头，有的惊异，有的交头接耳。

屈原的母亲双眉紧锁，满脸阴云，正欲转身离开房间，伯庸将她唤住。见儿子屈原抓了一枝白玉兰，伯庸的心态与表情跟妻子截然相反，他心花怒放，喜上眉梢。夫妻心心相印，息息相通，妻子的表情，早在伯庸的关注之中，他清楚地判定此刻妻子在想些什么，为何竟会这样怏怏不快。他认为有必要当众阐述自己的见解，既为了妻子，更为了儿子。他充满信心，坚信自己的理解与见地是正确的，便明知故问道："值此平儿首岁生日之际，亲朋齐贺，济济一堂，你应该满心喜悦才是，为何竟这般沮丧？"

经丈夫一问，小屈原的母亲竟呜呜哭泣起来，且哭且诉道："平儿生于正月初七，你说这是寅月寅日，完全符合'天开于子，地辟于丑，人生于寅'之天地人三统一，因而

大吉大利。如今抓周，平儿竟抓一枝玉兰花，此系女人之所为，将来或许会长成一个寻花问柳的花花公子，怎能指望他成才呢……"

妻子泣不成声了，伯庸却仰天哈哈大笑，笑得前仰后合，泪水四溢。母亲柳氏嗔怪道："她哭成这样，你却还在笑……"

伯庸止住了笑，将那枝白玉兰拿在手中，亲切地对母亲说："您看这玉兰花，亭亭玉立，皎洁潇洒，清香四溢，此乃美之天使，圣洁之化身。平儿今天抓一枝白玉兰，日后必有玉洁冰清之品格，超尘脱俗之节操。母亲，您说孩儿不该高兴，不该笑吗？"

伯庸的话似一阵清风，吹散了母亲脸上的阴云，老太太也转忧为喜了，她啧啧赞道："吾儿言之有理，平儿定非凡夫俗子，大家都应该为此而高兴……"

经老太太这么一说，气氛顿时活跃起来，都附和着赞誉一番，室内室外洋溢着欢乐和喜悦，小屈原沉浸于祥和之中咧着小嘴憨笑。

商鞅变法

屈原出生的这一年，也就是秦孝公22年，卫鞅攻魏，大破魏军，俘公子卬（áng）。秦以商於（今陕西商县东南商洛镇）十五邑（yì）封卫鞅为商君，世称商鞅（yāng）。关于商鞅，历史上有个著名的小故事。

齐威王当了霸主以后，燕、赵、韩、魏等国怕他三分，纷纷前来朝贡。只有西方的秦国没有来。原来，当时秦国在政治、经济、文化各方面都比较落后，中原各国叫它"西戎"，把它看做野蛮民族，瞧不起它，很少跟它来往，还不时派兵侵夺它的土地。

周显王八年（公元前361年），秦孝公即位。他感到秦国外受强邻的欺压，内有贵族的专横，日子很不好过，决心奋发图强，改变国家落后的面貌。为了寻求改革的贤才，就下了一道命令："不管是本国人，还是外国人，只要谁有好办法使秦国富强起来，就封他做大官，赏给他土地。"不久，一个叫卫鞅的年轻人应征从魏国来到秦国。

卫鞅姓公孙，名鞅，原是卫国的一个没落贵族，所以大家管他叫卫鞅。他看卫国弱小，不足以施展他的才华，就跑到魏国，在魏国当了好些时候的门客，也没受重用。卫鞅正在郁郁不得志的时候，忽然听到秦孝公招聘人才，他决心离开魏国到秦国去。

卫鞅到了秦国，经人介绍，见到了孝公，卫鞅把他的一套富国强兵的道理和办法给孝公讲了一遍，他说："一个国家要富强起来，就必须重视农业生产，这样，老百姓有吃有穿，军队才有充足的粮草；要训练好军队，做到兵强马壮；还要赏罚分明，种地收成多的农民、英勇善战的将士，都要鼓励和奖赏，对那些不好好生产、打仗怕死的人，要加以惩罚。真能做到这些，国家没有不富强的。"

孝公听得津津有味，连饭都忘了吃。两个人议论国家大事，一连谈了好几天，十分投机。最后，孝公决定变法，改

革旧的制度，推行卫鞅提出的新法令。

这个消息一传开，贵族大臣们都一起反对。不少大臣劝孝公要慎重，不要听信卫鞅那一套。

孝公虽然心里非常赞成卫鞅的主张，觉得不变法就不能使秦国富强起来，但是看到反对的人那么多，又感到十分为难，就把许多大臣召集到一起，让他们辩论。一个叫甘龙的大臣首先发言，他说："现在的制度是祖宗传下来的，官吏做起来得心应手，老百姓也都习惯了。我认为不能改！改了准会乱！"

另外一些大臣也跟着说："新法是胡来"，是"谬论"，"古法、旧礼改不得！"

卫鞅按照从古到今的时间顺序，举出大量事实，说明变法的必要，把那些大臣驳得哑口无言。

孝公听他说得头头是道，把反对变法的大臣一个个都驳倒了，非常高兴，对卫鞅说："先生说得对，新法非实行不可！"说罢就拜卫鞅为左庶长，授予他推行新法令的大权，叫他抓紧把变法方案制定出来。并且宣布：谁再反对变法，就治谁的罪。这样，那些大臣都不敢吭声了。

卫鞅很快就把变法方案制定出来了。孝公完全同意。卫鞅怕新法令颁布之初没有威

◎左庶长：古时候一种官名。商鞅变法之前，秦国有四种庶长：大庶长、右庶长、左庶长、驷车庶长。四种庶长都是职爵一体，既是爵位，又是官职。商鞅变法之后，秦国官制仿效中原变革，行开府丞相总摄政务，各庶长便虚化为军功爵位，不再有实职权力。

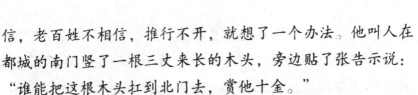

信，老百姓不相信，推行不开，就想了一个办法。他叫人在都城的南门竖了一根三丈来长的木头，旁边贴了张告示说："谁能把这根木头扛到北门去，赏他十金。"

不多会儿，木头周围就围满了人。看了告示大伙儿心里直犯嘀咕：这根木头顶多百把斤，扛几里地不是什么难事，怎么可能给这么多的金子呢？或许设了什么圈套吧？结果谁也不敢去扛。

卫鞅看没人扛，又把奖赏提高到五十金。这么一来，人们更疑惑了，都猜不透这位新上任的左庶长葫芦里到底卖的什么药。这时候只见一个粗壮汉子分开人群，跨上前去，

说："我来试试。"扛起木头就走。

许多看热闹的人，好奇地跟在后面，一直跟到了北门。只见新上任的左庶长正在那里等着呢。他夸奖那个大汉说："太好了，你能够相信和执行我的命令，真是一个良民。"随后就把准备好的五十金奖给了他。

这件事儿很快就传开了，大家都说："左庶长说话算数，说到做到，他的命令可不是随便说说的啊！"

周显王十三年（公元前356年），卫鞅的新法令公布了。主要内容有：

第一，加强社会治安。实行连坐法，把老百姓组织起来，五家编为"一伍"，十家编为"一什"，互相担保，互相监视。一家犯了罪，九家都要检举，否则十家一起判罪。检举坏人和杀敌人一样有赏，窝藏坏人和投降敌人一样处罚。外出必须携带凭证，没有证件各地不准留宿。

第二，奖励发展生产。老百姓努力生产，粮食布帛贡献多的，可以免除一家劳役，懒惰和弃农经商的，连同妻子、儿女一起充为官奴。一家有两个儿子以上，成人以后就要分家，各自交税，否则一人要交两份税。

第三，奖励杀敌立功。官爵大小以在军事上立功多少为标准。功劳大的封官爵就高，车辆、衣服、田地、住宅、奴婢的赏赐，也都以功劳大小而定；军事上没有功劳的，即便有钱也不能过豪华的生活，就是贵族也只能享受平民的待遇。

新的法令刚刚开始推行，就遇到很大阻力。那些贵族宗室不去打仗立功，就不能做官受爵，只能享受平民待遇，失去了过去的许多特权；实行连坐法以后，他们也不能为所欲

为了。因此，贵族宗室都疯狂地攻击新法令，更不要说保守势力的代表甘龙他们了。在他们的唆使下，就连太子也站出来公然反对。

卫鞅把甘龙罢了官，可是，太子是国君的继承人，不便处分，卫鞅去找秦孝公，对他说："新法令所以推行不开，主要是上头有人反对。"

孝公说："谁反对，就惩办谁。"

卫鞅把太子反对、故意犯法的事一说，孝公既生气又为难，没有言语。卫鞅说："太子当然不能治罪，但是新法令如果可以随便违犯，今后就更不能推行了。"

孝公问："那怎么办呢？"

卫鞅说："太子犯法，都是他的老师唆使的，应该惩治他们。"

孝公表示同意。这样，太子的老师公子虔就被割了鼻子，公孙贾就被刺了面。大伙看到孝公和卫鞅这样坚决，都不敢反对新法令了。

几年以后，秦国变得强盛起来。由于新法令规定了粮食增产多的可以免除一家的劳役，老百姓都一心务农，积极种田织布，生产得到很大发展，人民的生活也有所改善；由于新法令规定了将士杀敌立功的可以升官晋爵，所以将士们都英勇作战。

孝公看卫鞅制定的新法令成效显著，就提升他为大良造（一种大官名称），并且派他带兵去攻打魏国。原来十分强盛的魏国，这时候已经衰弱下来，根本不是秦国的对手，连都城安邑也被秦军攻占了。魏国只得向秦国求和。

卫鞅凯旋，接着，在国内又进一步推行新法令，主要内容有：把国都从雍城（雍，今陕西省凤翔县）迁到东边的咸阳，以便于向中原发展；把全国分成31个县，由中央直接委派县令县丞去进行治理，若有不称职的县官就要受到惩罚；废除"井田"制度，鼓励开荒，谁开归谁，允许自由买卖土地；统一度量衡等。

　　这些都是发展生产的有力措施，对于巩固和发展新兴地主阶级的势力起了很大的作用。

　　新法令实行十年以后，秦国成为了当时最富强的国家。周天子派人给孝公带来礼物，封他为"方伯"（一方诸侯的领袖），中原各国都纷纷前来祝贺，对这个新兴的强国都另眼相看了。

　　秦孝公十分欢喜。后来把商、於一带15座城镇封给了卫鞅，表示酬谢。从此以后，人们就把卫鞅称做商鞅了。

　　过了几年，秦孝公病死了，太子即位，是秦惠文王。惠文王以前曾反对商鞅的新法令，并且商鞅给他定了罪，给他的老师判了刑，所以他一直怀恨在心。

　　这会儿，他一当国君，那些过去反对商鞅的人就又得势了。他们串通一气，捏造罪名，硬说商鞅阴谋造反，惠文王就把他抓住处死了。

　　商鞅虽然死了，可是他推行的新法令已经在秦国扎下了根，再也无法改了。他的变法为后来秦国统一中原打下了坚实的基础。

　　而屈原，就在这样的环境中成长着。

✹ 智掘 "照面井" ✹

转眼间，屈原已经7岁了。常言道，七岁八岁讨人嫌，即是说，这个年龄的孩子，顽过山羊，皮赛毛猴，最是令人讨厌。

小屈原却与众不同，他身材修长，举止文雅，已是翩翩少年了。他生性谦和，面带娇羞，总以和颜悦色待人。他喜欢幽静和独处，不爱热闹，很少和其他孩子成群结队地玩耍，更不吵嘴打架和闯祸。他有着与年龄不相称的老成，爱动脑筋，喜欢思考问题，常一个人在池边溪畔独步，若有所思，如痴似醉。爱整洁，好修饰打扮，是他的主要性格特征，有时他掐桐叶做衣裳，有时他采兰花镶衣边，有时他扯葛蒲编高冠。

盛夏一日，屈原来到一个小小的荷塘边，见塘中翠绿的荷叶上闪动着晶莹的露珠，一朵朵红荷竞相开放，不觉心中一热，走上前去，掐下几片荷叶连缀成衣裳，又摘来荷瓣点缀在衣边，再从泥土里掘几根细长的丝茅草根，将兰花串成一个花环，佩戴于胸前，还把白芷和秋蕙编成两条长辫，盘在帽缨两侧，然后像舞台上的小生似的迈着方步返回家中。

姐姐屈婆（xū）见了，先是惊异，继而高兴得拍着巴掌跳了起来，说道："弟弟，你这穿戴，真比巫山神女还神奇美丽呢！"

屈原被姐姐弄得莫名其妙，愣怔怔地望着她出神。

屈原牢牢记得父亲给他讲的那些古代圣君贤臣的故事，

父亲曾强调说，一个人注意保持衣着和外貌的整洁固然重要，但更重要的还是莫使自己的心灵蒙上世俗的尘垢。所以，他想挖一口井，这口井不仅要能照出自己的面貌，还要能反映出自己的内心世界，天天照，使自己的肉体和心灵永远干干净净。

别看屈原小小年纪，但却执拗倔强，凡是他想做的事，谁也难以阻挡，不达目的，誓不罢休。主意既定，便毫不迟疑地行动起来。

他回家扛来一把小锄头，爬到家附近的三星岩边挖起井来。屈原年纪小，气力也小，挖着挖着，呼哧呼哧地喘气了，挖着挖着，唰唰唰地流汗了。一连挖了两天，才只挖了铜锣大的一块地面，深不到一尺。

他的行动被三星岩上的山神爷爷看到了，山神爷爷就变成一个白眉白须的老樵（qiáo）夫，挑着柴走下岩边，问道："小屈原，挖水井吗？"

"是的，老爷爷，我想挖一口又能解渴、又能浇田、又能照面、又能照心的水井。"

"有志气呀，孩子！可挖这井，你没选准位置呵，你听着：三星岩，三星岩，对准三星引泉来。折断龙骨泉眼开，照面照心涤尘埃。"说罢，眨眨眼睛，捋捋胡须，挑着柴担子走了。

小屈原心眼机灵，一下就明白了老爷爷的意思。夜里，他站在香炉坪，对准三星，选好了井位，第二天一早，就在选好的位置上挖了起来。挖着挖着，手起泡了；挖着挖着，臂震酸了。一连挖了两天，才挖出铜锣大的一块地面，深不

到一尺。姐姐原以为弟弟每天爬上三星岩是去采山花玩。这一天她悄悄地跟在屈原后面，爬上三星岩一看，弟弟是在挖井。便连忙上前帮忙。姐弟俩又挖了两天，井面还不过簸箕大，深不到两尺。

这情形，又被三星岩上的山神爷爷看到了，他又变成老樵夫下山来了。

"小屈原，锄头磨钝了吧？我借给你一把小镐！"

小屈原接过来一看，嗨！明晃晃，金闪闪，原来是一把金镐。

老爷爷笑着说道："金镐一点石岩开，碰到龙骨我再来；心诚感得天地动，定有明镜镶山崖！"说罢，打着哈哈，飘然而去。

屈原姐弟俩高高兴兴地干起来，小屈原在井里挖土，姐姐在井边提土；姐姐在井下刨石，小屈原在井上拉绳。

那金镐真怪，举起来，四两轻；落下地，千钧重。他俩挖呀挖呀，只挖了七天，那水井就有九尺九寸深，周围就有三丈三尺长。谁知就在这时，屈原猛力一镐掘下去，只听得叮当一声响，火星直冒；再一敲，石头嘣嘣直响，纹丝不动。小屈原急了，姐姐也急了。

这时，一曲山歌忽然从三星岩的云雾中飘下来，姐弟俩顺着声音一望，那位童颜鹤发的老樵夫又下山了。

"哈哈，遇上龙骨石了吧？小屈原！这山里伏着一条千年老龙化成了青石，压住了地脉，把泉眼封死了，让老爷爷给你砸开吧！"说罢接过镐，轻轻一举，"轰——"，第一镐下去，老龙骨酥筋麻，块块龙骨石都飞出了井口。山神再

叫小屈原用锄头轻轻一点，泉眼开了，泉水汩汩地直往上翻花，那水又清又凉，又甜又香，真跟琼浆玉液一般。

小屈原和姐姐正要向老爷爷道谢呢，可山神爷爷唿地一声，便驾着青云，往三星高照的空中飞去了。

乡亲们闻讯赶来，纷纷向屈原姐弟俩祝贺。石匠把龙骨石凿成半月扇面，镶作井沿。小孩子们从向王寨山采来芝兰，小伙子们从后山移来常青柞（zuò）树，栽在井边，这眼照面井，就这样嵌在屈原家乡，照着香炉坪的天，照着香炉坪的山。

自那以后，小屈原每天清早就来到井边，用清清的泉水冲洗散开的长发，濯洗鲜红的帽缨。长发、帽缨浸在水里，泉水就打起旋涡，跳起来为他洗脸。每次梳洗完毕，他就对着明亮的井水，察看自己心地里有没有私心邪念，行为上有什么不够检点，省察自己对楚国忠不忠，对百姓爱不爱，从此，这照面井就像一面明镜，朝朝暮暮照着他那幼小的心灵，把心儿照得鲜红透亮，跟珍珠水晶一般。

这井水也怪，好人喝它，清爽津甜，不生疔疮；坏人喝它，五内俱焚，腹如刀绞。好人愈照愈美，坏人愈照愈丑，最后现出丑恶的原形。

有一回，从郢都（当时楚国的京城，在今湖北省江陵一带）来了一帮贪官，游山逛景，逛到香炉坪，听说三星岩有一眼宝井，一个个跑来盗宝。他们趴到井边朝水里一望，井底立刻现出一群牛头马面、白粉骷髅，一个个吓得口吐白沫，眼珠子直翻，抬回去，都病得掉光了头发、脱了层皮。所以古人留下有"照面井寒奸佞胆"的诗句。

千百年来，屈原家乡的人民出坡下田，收工路过，都要绕到井边照一照，洗净眼里的灰尘，涤去脸上的脏污。

在明月当空之夜，姑娘们常常相约，来到井边对月绣花。有时失手，花针落地，不用费神，借着井里的月光，很快就可以捡起来再绣。所说在这里绣出来的花卉，格外鲜，格外美，蝴蝶飞来也不愿离开。

老人们还说，当三星高照的时候，你伏在井台边等好了，兴许还能从井底看到屈大夫那忧国忧民的容颜哩！

为了纪念屈原，后世人曾多次整修这口水井。石匠们把最好的石料凿得四方棱正，镶作井壁；又凿出一块半月形的片石，砌了个扇形井口；青年男女从山上移来花草树木，栽在井周围；花草丛中竖起一块大石碑，石碑正中刻着"照面井"三个大字，旁边刻着两行小字："此系屈公遗井，特遵

昭
面
井

神教重新整修，以后切勿荒秽。倘有故违，定遭天谴！"无论是当地百姓，还是外地的游人，来到井边，必掸衣整冠，面井而照……

屈原的爱清洁表现在各个方面，譬如，他有一个一天洗三次帽子的习惯，他常说："冠者衣之主也，置于头之上，冠不洁则心不净也。"他这洁身自好的癖性，即使在晚年流放江南时，也未改变。

一天，屈原正欲出门，门前老槐树上一群乌鸦呱呱乱叫乱飞，数滴鸦粪淋漓下来，落到了他的帽檐上。他急忙摘下帽子，跑到响鼓溪去洗。前两天落过一场暴雨，山洪刚退，溪边尽是淤泥，踏不住脚，他只好翻过一个小山包，朝山后坡走去。走了不远，见有一口池塘，塘水清清，还搭有洗衣服的青石跳板。屈原走到跳板上，蹲下身来搓洗帽子，只搓了几下，又在水里摆了几摆，帽子就一干二净了。

巧移洗衣砧

响鼓溪是姑娘们的王国，孩子们的乐园；它隐于香炉坪深处，邃密幽静，鸟语花香。这里河床曲曲，山嘴弯弯，溪水清清，游鱼悠悠，浮萍漂漂。

姑娘们成群来这里洗衣裳，她们置身溪岸，屁股下坐一方石或蒲垫，探身水中，苗条的身段一起一伏，似鸡啄米，悠哉游哉。有时停止手中的动作，静静地注视着水面，这是在以水为镜，观察自己俊俏的面容。

其实，来此洗衣，并非都是她们的迫切需要，而是借机来与同伴们玩耍，拉些家常里短，说些悄悄话，相互倾吐内心的隐密。孩子们则结队来此嬉戏打闹，他们或捉鱼，或摸蟹，或游泳，或打水仗。

七八岁的孩子，一个个脱得赤条条的，跑来窜去，泥鳅一般，好不快活自在！姑娘和孩子们散于响鼓溪上，互为补充，相映成趣。但彼此也有矛盾，如孩子们捕鱼捉蟹，将捣衣砧掀进了深潭，致使溪边的捣衣砧愈来愈少，姑娘们为抢占捣衣砧而争争吵吵，伤了和气。离响鼓溪不远的低洼处，有一块长方形的巨石，其状如卧牛，据说当你贴近它时，还会感到一点温热呢。

屈婆是洗衣姊妹中的领袖，见大家为争砧石而争吵，心急火燎，提议将卧牛石移至溪边作捣衣砧。众姐妹纷纷响应，于是一场挖掘卧牛石的大战开始了。

大家一齐上阵，有的抢镐，有的挥锹，有的肩挑筐抬，搬沙运石，可是整整干了半月，一个个累得腰酸腿疼，浑身散架，也没挖出卧牛石的根基。其实，即使挖出根基，也是枉然，偌大的一块巨石，怕在千钧以上，如何搬移得动呢？

在响鼓溪的孩子群中，很少见到屈原的身影。他偶尔来几次，但却并不加入伙伴们的戏闹，只是这儿走走，那儿看看，仿佛在研究其中的奥秘。

正当屈婆率众姐妹大战卧牛石时，屈原又来到这里，问明情况后，不禁哑然失笑，他笑姐姐们太憨，太傻，偌大的一头巨牛，怎么牵得动？尽干些劳而无功的事。笑过之后，他登上一座小山冈，一会立，一会蹲，一会伏，东望望，西

瞧瞧。然后又攀上了另一个山头，做着类似的活动，谁也不知道他搞些什么名堂。转悠半天，回到姐姐们中间，兴高采烈地说道："众家姐姐，我有牵牛的办法了！"姑娘们唿啦一声围拢过来，一个个屏息敛气，听屈原讲那牵牛的办法。

屈原牵牛的办法很简单，趁山溪发早水以前，把河床向卧牛石的方向掘一道缺口，把溪水引过来，直流到石牛身边，这样石牛的半个身子就浸在水里了，姑娘们可以成群结队地骑到它的头上、脊背上和屁股上抡棒棰捣洗衣服。

当众姐妹挖掘溪岸，开凿缺口的时候，屈原率石登、汉生、昭春、牛仔、春伢子等小伙伴，手持小钉耙、小羊角锄、小鹤嘴镐等工具前来帮忙，人多势众，干了不到三五日，石牛便被乖乖地牵了过来，成了后来的这个样子。

为了感激屈原，也为了表达喜悦兴奋的心情，姑娘们你一言，她一语，凑成了一首《石牛》诗：

> 石牛只服屈原牵，
>
> 牵到溪边卧千年。
>
> 风吹飒飒无毛动，
>
> 雨打嘘嘘流细汗。
>
> 皮鞭任抽不回头，
>
> 四只蹄子从未见。
>
> 春草发芽难启口，
>
> 数九寒冬三分暖。
>
> 不问人间兴衰事，
>
> 只供姊妹捣衣衫。

✳ 石头缝里出来的大米 ✳

屈原从小喜爱洁净，每天早晨都要到井边打一桶水，用这清澈的井水洗去脸上的尘垢、洗净自己的帽缨，然后对着明亮的井水照照衣帽是否整齐、洁净。

小屈原长大了，他渐渐懂得，人不仅要讲究外表整洁，更重要的是要保持心地纯洁、正直。因此屈原每天对着井梳洗完毕，就对着明亮的井水察看自己有没有私心邪念？行为上有没有什么不检点？省察自己对国家忠不忠？对百姓爱不爱？这面明心透腹的"镜子"映照着屈原幼小的心，也把他的心灵照得透亮鲜明。

家境的贫寒，不可能让屈原过上丰衣足食的生活。童年的他，还常常经受饥寒的考验，但粗食薄衣反而使屈原从小养成了甘守清贫、不畏困苦的个性。

在幼年的屈原不得不忍受饥饿时，他便趴在窗台上，看着窗外不远处浩荡东去的江水，让思绪随着江水走得很远，以今后远大的目标来激励自己，敢于面对严酷的社会现实。每当看见父母因为迫于生计、不得不终日劳累时，还是小小孩童的屈原会主动宽慰父母，帮父母做些力所能及的事。屈原的早慧和孝敬，邻里亲友人人皆知。

有一年天降大灾，田里的庄稼颗粒无收，百姓四处流亡。小屈原看见家乡的老百姓吃不饱，穿不暖，沿街乞讨，伤心地落下了眼泪。

有一天，屈原家门前的大石头缝里突然流出了雪白的大米。一人发现了，便奔走相告，"伯庸家门前的石头产米了！"这消息一传十，十传百，顿时全村的百姓都聚集来了，他们欢欢喜喜地把米装起来，背回家，个个脸上乐开了花。至于米是从哪来的，当时没有人顾得上细想，只是急着把米背回家，喂早就饿得嗷嗷哭的孩子和快昏迷的老人。

这时，屈原的父亲却发现自家粮仓中的大米越来越少，他很奇怪，也想试着把这件事跟白天发生的石头缝中流大米联系起来，但他不敢确定：大米在自家的粮仓里，我没有拿出去，问了家里其他大人，也都没有拿出去。

有一天夜里，伯庸上厕所突然发现粮仓里有一丝灯光，凑近门缝一看，儿子瘦小的身影映入眼帘，小屈原正吃力地站在凳子上从高高的粮仓把米灌进小口袋里，他顿时明白了，原来是屈原把自己家的米灌进了石头缝里。

乡亲们知道了真相都很感动，纷纷竖起大拇指。

父亲没有责备屈原，只是说："咱家的米救不了多少穷人，如果你长大后做了官，把人们管理好，天下的穷人不就有饭吃了吗？"从此，屈原读书更用功了。

苦读诗书

屈原聪颖睿智，从小就被人称做过目不忘的小神童。公元前332年岁末一日，屈府的账房先生们正在忙着结账，屈原走来，信手拿过一本账簿，从头到尾浏览了一遍，然后放回原处。都怪屈原年岁太小，浑身孩子气，办事毛手毛脚；

账簿未能放牢着稳，落于几案下的火盆中，登时燃烧起来。也是屈原年少机灵，急忙探手盆中，去取那燃烧着的账簿，但是已经晚了，账簿烧掉了一半。

屈原见状，很是气愤，索性将残存的账簿撕得粉碎，投于火盆之中，让其燃成灰烬。在场的先生们全都惊呆了，特别是负责这本账簿的那位，简直是三魂离舍，七魄出窍。

小屈原却从容镇静，若无其事地说："簿子上的账目，我已铭记在心，可重写一份，有什么好怕的！"于是便逐一口述，由一位先生笔录，一本新账簿脱颖而生了。后来新账簿经使用，果然与实际无一差错。

每天清晨，太阳还没有升起，屈原已经起床，坐在窗前，对着江水，高声诵读《诗经》、《尚书》等诗文，从中汲取传统文化的精华。他的诵读声几乎与公鸡的报晓声同时在朦胧的天空下响起。

一听见他的诵读声，邻居们便纷纷起床干活，这竟然逐渐成为很多邻居的习惯。嘹亮的声音随风飘得很远很远，连长江上的船夫都能听见他那抑扬顿挫、充满激情的诵读。屈原的诵读声便又与船夫们的劳动号子混合交融在一起。

黄昏来临，屈原坐在秭归城外的高地上，对着渐渐降临的夜色，开始练习作为一个政治家所必备的雄辩术。

在春秋战国时期，不要说政治家，哪怕是一个普通的谋士，也必须拥有高超的雄辩术，这是一种基本功。

练习雄辩术不仅需要练好口才，还需要掌握大量历史、地理、文化知识。于是，屈原又下苦工夫，把楚国的历史倒背如流，把楚国的江山细细描述，让楚国悠久灿烂的文化烂

熟于心。没有人督促屈原，但他始终是那么自觉。

时间一天一天地过去，一年一年地过去，屈原日复一日地坚持着，这不仅是一种知识的积累和才华的造就，更是一种意志的锤炼和信念的追寻。

屈原父亲和亲友们发现了屈原的不凡之处，尽管家境贫寒，仍然不惜精力财力，有的人还从经济上慷慨地支持，全力培养屈原各方面的才能，指望他成才，日后能为楚国的稳定和发展出大力。

就这样，屈原从小就接受了系统而全面的教育，过人的天赋和扎实的知识功底显现出来。

那时候，屈原家住山上，每天读书必须跨过湍急的溪水，穿过苍苍林莽到山下的乐平里。他早去晚归，家里人很不放心，妈妈常让姐姐屈婆到书房去接他。

一天，浓重的夜色笼罩着山头，屈原还没有回来。屈婆到山下书房问塾师，知道弟弟背完晚书，第一个离开书房回家了。

屈婆返回家里，屈原还没回来。妈妈着急了，连忙求邻居帮忙到溪涧和后山上去找。结果，到处不见屈原的影儿。妈妈失望地回到家，一进门，却看见屈原正吃饭呢。问他刚才到哪儿去了，他只是笑笑，就是不说话。

这件事引起了姐姐的好奇。第二天下午，屈婆早早赶到书房，等弟弟背完晚书，便悄悄地跟在后边。穿过树林，越过溪流，她跟着，跟着，只见屈原在溪旁一闪，不见了。屈婆以为弟弟回家了，可是到了家里，才知道弟弟并没有回来。屈婆更加奇怪，就又返回去找弟弟。

　　原来，小溪旁边有一个天然岩洞，每天放学以后，屈原总要钻进这个岩洞里刻苦读书。

　　这个岩洞虽然不大，但景物别致：洞壁如浮雕图案，花鸟虫草，形态各异；洞顶悬挂着钟乳石，千姿百态，水顺着钟乳石尖一滴一滴地滴下来，叮咚叮咚，犹如玉落银盘，更显得洞里幽静深邃。

　　这天，屈原照例走进洞里，来到他早已支好的石桌石凳旁边，把小藤包放在桌上，掏出书本，端坐在凳子上，低声背诵起来。他哼着哼着，不禁声音渐渐激昂起来，音韵深沉，宛如惊涛拍岸……过了一会儿，他又坐下来，双手托腮，疲惫地闭上双目。

　　恍惚间，屈原看见一个人影从石缝中走出来，提着衣裙，飘飘悠悠地来到屈原身旁，舞着长袖，向他施礼，然后捧着一沓厚厚的书简献给他。

　　屈原不由心中一怔：难道真是仙女面传天书吗？他急忙参拜仙女，接过书一看，原来是一部《楚声》。"渔夫歌"、"五谷调"、"砍柴曲"、"蚕花谣"、"越人

歌"……尽是楚国各地民歌民谣。

屈原惊疑道："人间烟火之事，上天如何知道？"他分外激动，再拜仙女，低声问道："好诗向谁求？请仙姑赐教。"说完，抬头一看，眼前仙姑已不知去向，手中天书也无影无踪。

半晌，听见一女子的声音："真诗乃在民间！"这声音把屈原弄蒙了。

"仙姑在哪里？"屈原惊叫着，回头一看，原来是姐姐屈婆。

屈婆寻到洞里，见弟弟打盹，说着梦话，便答了一句，这才使屈原从迷梦中清醒过来。

屈婆一边责备弟弟，一边拉着他向洞外走。一出洞，姐弟俩便听见山上传来丁丁（zhēng）的伐木声和悠扬的山歌声。屈原央求着："好姐姐，咱们听一会好吗？"姐弟俩坐在溪边，只听见：

河水清清哟，波纹像连环，

栽秧割稻你不管哟，凭什么千捆万捆往家搬？

……

屈原听到这歌声带着无比的愤怒和怨恨，深深地感叹道："果真'好诗在民间'。"他边听边记，记好了就读给姐姐听，直到很晚了才回到家中。

从此，屈原常找樵夫、猎人、渔翁、蚕女、巫师等采集民间歌谣，并在小溪旁这个岩洞里加以整理、吟咏。

这为他后来创造出文学的一种形式——骚体，打下了坚实的基础。

咏橘明志

一年年过去了，屈原在发愤攻读中已度过了近十个春秋，已经到了公元前333年，正当楚国最强盛的时期。这一年，楚军讨伐齐国，在徐州大败齐军，楚国声威大振。春雷隆隆震撼着伏虎山，也在召唤着屈原。

屈原有许多志同道合的密友，大家常聚一处，做文吟诗，言志抒怀，纵论天下时势。

一天，江北望霞峰麓（lù）的景柏与汇南巴村的昭春结伴来访，屈原不在。屈婆带客人找到读书洞、照面井、玉米田，均不在，最后在香炉坪背后的山坡上找到了屈原，他正在橘林中培育橘树苗。

这是一处规模壮观的橘林，橘树依山而植，层层叠叠，翁翁郁郁。这是一片年轻的橘林，树龄多在十岁以下，枝叶繁茂，泛着油绿的光；叶片肥厚，苍翠欲滴；青滚滚的枝干显示着它的勃勃生机，一枝枝、一棵棵水萝卜似的，掐一指，直冒绿汤。看到这橘林，令人想到棒实实的小伙，水灵灵的姑娘，斗虎的牛犊，翱翔的雄鹰，穿云的燕子，撒欢的羊羔，嫩绿的草地，欢唱的溪流……

三人亲如兄弟，情同手足，一旦相聚，如胶似漆。相约来至一块林间草坪，或坐，或立，或卧，赏橘苗，观橘林，品甘橘，任思绪野马似的狂奔，凭激情瀑布般地倾泻，屈原出了个"试论七雄天下"的题目，三人一起口头做起文章来。酝酿片刻之后，屈原与昭春齐推荐造诣最深的景柏先

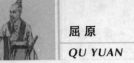

说。景柏今日心绪不佳，本不打算吟诗作赋，但不得有失礼节，只好借题发挥，议论起来："当今天下，七雄并存，各显神威。

> ◎七雄：战国七雄指历史上东周战国时期七个最强的诸侯国的统称。春秋时期无数次战争使诸侯国的数量大大减少，到战国时期实力最强的七个诸侯国分别是齐、楚、燕、韩、赵、魏、秦，这七个国家被史家称做"战国七雄"。

为了捷足先登，列国君王争夺能臣谋士，颇费心机。而七雄之中，各具其长，尤以魏国君贤，齐国民富，秦国兵强，而我们楚国，只不过国土辽阔而已……"

听了景柏的这番议论，屈原心中很不是滋味，他那极强的自尊心被景柏戳了一枪，淋漓着滴滴殷红的鲜血。

昭春正欲插言，景柏又侃侃而谈："自先灵楚庄王后，我楚国日渐衰弱，现已疮痍满目，危在旦夕！……"

屈原觉得，景柏正在长他人的志气，灭自己的威风，不禁反问道："纵然如此，又当如何？我辈岂能袖手旁观！富强的祖国可爱，而危难中的祖国呢？"

一句话勾起了景柏心中的隐秘，他再也不愿将苦闷压在心底折磨自己了，便坦诚地对屈原说："楚材晋用，此乃常事。我已与昭春弟谈过，以春秋仲尼先师为榜样，游说六国，择贤君而事之，完成统一九州大业，以遂今生宏志！"

屈原万没料到，两位挚友竟和自己的志趣出现了偌大的分歧，真是水清能见底，镜明难照心。屈原纵然心胸坦荡，也难以容忍这种见异思迁、抛弃祖国的人。他后悔自

己过去只是在诗文上交才华出众的朋友，却忽略了一个人心灵的美丑。

屈婆送来了酒菜，要弟弟陪客人饮酒咏诗，她走进橘林摘橘子给客人尝鲜。

酒真是个好东西，它能使人兴奋激动，让人忘掉痛苦和悲哀，消除人与人之间的隔膜与嫌怨。三杯酒下肚，沉寂消解，气氛顿时活跃起来，酒也就喝得心酣意畅。三个人喝得兴致正浓，忽有一条双头蛇从草丛中窜出，直袭屈原。景柏眼疾手快，抓起身边屈原育橘苗的锄头，狠命打去。景柏的手法很准，不偏不倚，正好打在那两个蛇头上，一个既断且续，另一个则崩离数尺。蛇身先是蜿蜒，继而痉挛，很快便僵直不动了。

三人碰杯相庆，欣喜若狂。为感谢景柏舍身相救，为赞扬景柏见义勇为，屈原连敬三杯，景柏俱一饮而尽。然而乐极生悲，酒落愁肠之后，景柏竟伤心落泪起来。

原来，当地有句谚语："打死双头蛇，活不到天黑。"景柏正为此而忧伤。屈原不信这些，他借题发挥说："斯蛇双头，此时爬这，彼时爬那，到处害人，实在可恶！景柏兄为民除害，何以会有灾难降临呢？"

景柏只顾伤心，没听出屈原这话的弦外之音。昭春像中药里的甘草，是个和事佬，有他在，保证矛盾不会激化。他见情势不妙，劝住了两位好友，不再继续喝酒。他以幽默滑稽的语言安慰景柏，三言两语便令其破涕为笑了。

恰在这时，屈婆摘来了蜜橘，于是三人品橘作诗。昭春颂橘树之风貌，景柏赞红橘之甘美，屈原则将橘树的形美质优糅合一处，取象立意，咏物托志，写成了一首《橘颂》。

> 后皇嘉树，橘来服兮。
>
> 受命不迁，生南国兮。
>
> 深固难徙，更壹志兮。
>
> 绿叶素荣，纷其可喜兮。
>
> 曾枝剡棘，圆果抟兮。
>
> 青黄杂糅，文章烂兮。
>
> 精色内白，类任道兮。
>
> 纷缊宜修，姱而不丑兮。

诗的前半部分，屈原着重描写了橘的习性特点，意为：天地间最美的橘树，习惯于南国的水土，天生不能移植，只肯生长在南方的楚园。绿叶映衬百花，繁荣茂盛令人心旷神怡，层层枝条长着尖尖的刺儿，树上挂满丰硕的果实。橘子皮色鲜亮、内瓤纯洁，就像一位志士仁人，气味芬芳、品德美好，她只给人以美的感受而不给人以丑的感觉。

> 嗟尔幼志，有以异兮。
>
> 独立不迁，岂不可喜兮。
>
> 深固难徙，廓其无求兮。
>
> 苏世独立，横而不流兮。
>
> 闭心自慎，终不失过兮。
>
> 秉德无私，参天地兮。
>
> 愿岁并谢，与长友兮。
>
> 淑离不淫，梗其有理兮。
>
> 年岁虽少，可师长兮。
>
> 行比伯夷，置以为像兮。

而诗的后半部分，屈原赋予橘树以理想的人格而进行了高度礼赞：赞叹你从小有志气，具有高洁、超群的品质。你坚定不移的本性是多么可贵可喜。扎根南国矢志不移，胸怀坦荡而没有私心杂念。你头脑清醒卓然独立于人间，挺拔坚强而不迎合世俗，也不随波逐流。你一直谨慎自守，从来没有过失。你秉持美德而摒弃私欲，这种崇高的品质将同天地一样长存不朽。我愿意同你生死与共，希望永远与你做朋友。你品德出众、风度优雅；你性格耿直、合于正道；你年岁虽少，但可以为人师表；你高尚的品行可与伯夷相比。我将以你为榜样，永远向你学习。

　　屈原歌咏橘树，是用拟人的手法将橘树理想化、人格化。此外，诗中的橘树不只是一种植物，是一个理想化的人，在这个理想化的形象中，集中反映了屈原心目中理想的品格、高尚的道德、坚定的意志和不变的节操。

　　屈原着重强调了"受命不迁"、"深固难徙"的美德，这也是他爱国思想的体现。屈原从青少年开始就用爱国思想要求自己，这也正是他后来成为伟大爱国诗人的思想基础。

姻缘出香溪

　　公元前323年，屈原十七岁了。一般说来，十七岁还是个孩子，可屈原已长成了个九尺男儿，一眼看去，颇似高原上的白杨，密林中的松柏，挺拔伟岸，俊俏水灵。

　　这年秋天，屈原征得了父母的同意，准备出门作一番远

游，一来可以多采集些风俗民情，二来，也多了解一些民间疾苦。很快，屈原就告别了家人，不带一个仆人，独自出门漫游去了。他沿着响鼓溪、凤凰溪逶迤而前，峭壁小径，松林密路，一走就是十几天。

其实，屈原在离家之前，父亲教他去拜访一位世交——香溪的昭氏。原来，昭、屈、景，是王族三氏，彼此历有联姻，而且屈原的曾祖母系昭氏长女，如今昭氏的当家人昭明晖，是屈原父亲——伯庸的表叔。况且，昭府藏书颇丰，闻名遐迩，屈原真是想不去都难以拒绝啊！想到这里，屈原打听到昭府的位置后，便前去拜见。

昭明晖老人现在已有86岁了，背略驼，但耳不聋，眼不花，头脑清醒。他早年在郢都为官，告老还乡后便在家聚徒讲学，不问世事，一心经营昭府。屈原的到来，令老人兴奋激动。他一会与屈原对几而坐，一会儿将屈原唤到身边，一会儿又命仆人献茶，一会儿令丫鬟敬果品。老人还命全府上下都来见过客人。老人有五个儿子，孙子孙女十几个，家族兴旺！这时，老人不由得想起了自己最小也是最疼爱的小孙女——昭碧霞。碧霞过目成诵，通晓古今，娴于辞令，琴棋书画更是无所不精，深得全府上下的叹服。而碧霞也到了该出嫁的年龄，上门提亲的人倒是络绎不绝，可老人却终未选中。此刻，再看一眼屈原，不禁喜上眉梢，屈原的突然造府，乃是天赐良缘啊！真是踏破铁鞋无觅处，得来全不费工夫。不过，想到碧霞母女正好去郢都了，得十几天后才能回来，老人只好把心中的暗喜强压下去。

晚上，昭家盛宴款待了屈原。

　　屈原也便在昭府住下了。他每天起早贪晚到藏书楼去苦读，翻阅资料，边读边记，孜孜不倦。昭府的藏书楼可真够宏伟壮观，占地亩余，上下三层，草顶瓦脊，窗高门大。室内摆满了书橱，一捆捆，一摞摞，一堆堆，青一色的全是书简，真是令人眼花缭乱，目不暇接。屈原虽说也去过几家官宦府第，但却从未见过有这么多书。他像饥饿者扑到食物上一般，不分昼夜晨昏，几乎是再也不愿走出去……

　　这天，屈原正在专心地抄录书简，一个丫头跑来，"屈少爷，老太爷有请。"

　　屈原只好停下笔墨，随家臣来到了昭老太爷书房。原来室内除了昭老太爷，还有另外两个人。一位雍容华贵的中年妇人，稍高的个头，身体微胖，看起来亲切慈祥。她的身边是一位少女，淡装素裹，朱唇桃口，亭亭玉立，正半侧着脸露出羞涩的浅浅笑靥……

　　顿时，屈原有一种手足无措之感，平日的善于辞令此时竟不知该说什么，一脸尴尬地立于地中。这一切，老人全看在了眼里，笑着作了介绍。原来，那位光彩照人的姑娘正是才女昭碧霞，而其旁边的中年妇女就是她的母亲。屈原赶忙俯首作揖，"屈原拜见伯母，碧

▲ 屈原漫游图

霞表妹。"

碧霞的母亲笑盈盈地拉他坐下说话。等屈原离去后，老人悄悄地问孙女："碧霞，这门亲事可好？"

碧霞看一眼母亲，羞红了脸，撒娇地跑了出去。其实，碧霞早就听说过秭归有一位才华横溢，性情脱俗的青年才俊，没想到，不仅人比其名更甚之，还是自家的远亲！碧霞的喜庆劲儿自不必说了。第二天，昭明晖老人便让碧霞陪着屈原在藏书阁抄写书简，照料他的生活，兄妹俩人一起完成这项前所未有的浩大工程。自此，碧霞成了屈原的亲密伙伴，除了夜间睡眠，几乎是朝夕相处，形影不离。

慢慢地，屈原也为碧霞的才学和思慧深深地折服，他还从未见过女子有男儿的胸怀和豁达，有男儿的志向和远见。久而久之，情窦初开的才子佳人感情日益深厚。

第二年，即公元前322年，屈原与昭碧霞定亲了。屈原时年18岁，碧霞16岁。

第二章

艰难的仕途

擂鼓歼敌

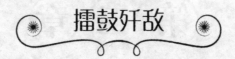

公元前321年，这一年屈原19岁。秦军犯境。乐平里距归州不足百里，西通巴蜀，北连雍州，系交通要道，兵家必争之地。秦强楚弱，秦之兵匪流寇常窜来乐平里一带骚扰，烧杀掳掠，无恶不作，给百姓造成了极大的灾难。

哪里有压迫，哪里就有反抗，楚之西北边境各郡县的百姓，从未间断过反抗秦兵骚扰侵略的斗争。19岁的屈原，成了乐平里御寇的天然领袖。他平日爱读兵书，尤精《孙子兵法》，懂得战略战术。加以他身体魁梧，膂力过人，练就了一手好剑法，所以老年人信赖他，青年人钦佩他。他的主张是兵来将挡，水来土掩，只有狠狠打击，给他点厉害尝尝，才能制止秦兵的骚扰。

◎《孙子兵法》：又称《孙武兵法》。是我国古代流传下来的最早、最完整、最著名的军事著作，是世界三大兵书之一（另外两部是《战争论》(克劳塞维茨)、《五轮书》(宫本武藏)），在世界各地广为流传，享有"兵学圣典"的美誉。

屈原把全村青壮年组织成一支"平寇队"，并将其中对秦兵有深仇大恨者，组成"敢死队"。

屈原带兵不同他人，他既重视学习兵书，训练武艺，又重视对平寇队进行思想教育，让大家明白为什么要"平寇"，为谁"平寇"。

为激励战友们对秦兵的仇恨，他将秦兵在乐平里犯

下的滔天罪行写成文章，让大家读；编成故事，讲给大家听；绘成图画，四处张贴。他多次举行控诉大会，请遭殃最重的村民在会上讲秦兵惨无人道的兽行。

平寇队的战士们对秦兵，人人欲啖（dàn）其肉，个个欲寝其皮，大家同仇敌忾，训练则必刻苦认真，战斗则必英勇果敢。

屈原并非狭隘的复仇主义者，他常常给队员们讲天下形势，楚国的历史，未来社会的发展趋势。他说："现在，齐国最富，楚国最大，秦国兵力最强，这三国都有统一天下的条件。我们既是高阳氏的后裔，自然希望由楚来完成这一伟大的使命。如此说来，眼下的平寇抗秦斗争，乃是强楚之举，是统一天下的先声和序幕。"一番话说得大家热血沸腾。

平寇队的战士们能站在统一天下的高度，从富国强兵出发，进行训练，加以屈原以《孙子兵法》为基本教材，处处身先士卒，严格要求，不出半年时间，平寇队便成了一支攻之能克、战之能胜的精锐部队。

屈原在北山的一棵大樟树上挂起一口青铜古钟，日夜派人放哨，发现敌情，就把钟敲响，敌人尚未进村，平寇队就布好了阵势，常常把小股秦兵杀得落花流水。秦兵吃了几次败仗，恨透了屈原，想方设法要来报复。

公元前321年正月十五，乐平里家家张灯，户户结彩，大闹元宵。屈原将平寇队召集起来，叮嘱夜间要多加小心，多派人巡逻，和衣而眠，武器枕于头下，一听见钟响，马上到香炉坪集合。

后半夜，果有秦兵从北山袭来，屈原闻报，连忙唤来幺姑等敢死队员商量迎敌之计。屈原下令，今夜不敲钟，火速分头通知队员们集合。

平寇队平时训练严格，个个动作敏捷，今晚又早有准备，一声传唤，各持长矛、大刀、渔叉等武器飞快跑来香炉坪集合。屈原作了简短有力的战前动员，他说："秦兵欲杀我措手不及，我等将计就计，摆一个十面埋伏阵，让其有来无回！"随后一一做了部署，最后强调：不准说话，不准点火，箭傍弦，刀出鞘，我以鼓声为令。

安排停当，屈原将战鼓隐于隔溪与读书洞相对的山丘上，等待秦兵闯进埋伏圈。

元宵之夜，月明星稀，四周静悄悄的。秦兵摸进村子，鸡不叫、狗不咬，万籁俱寂，鸦雀无声。秦兵自以为得计，喜出望外，正欲砸窗破门，动手抢劫，忽听"咚咚"一阵鼓响，仿佛春雷滚动。"杀啊！""冲呀！"平寇队雨后春笋般冒了出来，呐喊着杀向秦兵。秦兵顿时慌作一团，吓得抱头鼠窜——窜到东边，东边箭如飞蝗；窜到西边，西边寒光闪耀。东西南北，四面八方，到处是平寇队，到处是渔叉和棍棒。经过一场激战，秦兵死的死，伤的伤，十去三四，余者丢盔弃甲，狼狈败退。

退至村口，随着一阵鼓响，路旁又杀出一支人马，高叫："休放贼寇逃跑！"平寇队员们似猛虎下山，蛟龙出水，挥舞着手中的武器杀向秦兵，剖瓜切菜一般，只杀得秦兵屁滚尿流，鬼哭狼嚎，死伤过半。

剩下的拼命奔逃，一口气逃了十数里，回头看看，平寇

队并不追赶，正欲坐下喘息，忽然惊心动魄一阵鼓响，响声未落，数十支戈矛齐上，数百支利箭齐飞，秦兵只恨爹娘少生了两条腿，连滚带爬，喊爹叫娘，被箭射死者，被矛戳死者，被刀砍死者不计其数，四五百人的队伍生还者无几。

这一仗打得秦兵亡魂丧胆，一连数月不敢前来骚扰，楚西北边境上的百姓过了近半年太平日子。

怀王赏识

大约在公元前320年（楚威王九年），屈原离开了自己的家乡，离开了滋养他的秭归，离开了亲朋好友，走向郢都。

踌躇满志的屈原非常兴奋，自己的学识得到了宫廷的承认。对于一个百般渴望进入宫廷、期望能展露自己才华、实现伟大抱负的年轻人来说，还有什么比这更让他鼓舞的事呢？尽管他隐隐中已经感觉到，自己的人生之路不会太平坦，然而从小执著的他不会畏惧。他已经打定主意，以这次作为良好开头，从此留驻宫廷，一展宏图！

屈原带着父母的深切期望进入兰陵兰台宫，做了朝廷的文学侍臣。兰台宫虽然有森严的官员等级和繁琐的宫廷礼仪，但屈原认认真真地学习着，小心翼翼地适应着，很快熟悉了这一切。

这是个人才荟萃的文苑，屈原在这里进一步陶冶了文学情操，接触了各种新的学说，也感受到了时代的气息。在这里他与楚太子熊槐结识，屈原广博的学问、超人的见

识和高尚的人格以及潇洒的仪表深深吸引了熊槐的注意，尽管两人地位悬殊，但彼此有很多共同语言，所以两人很快熟识了，变得形影不离。他们共同探求强国之道，结下了深厚的友谊，私下约定，将来要同心协力振兴楚国、统一天下。

与伯庸一样，楚威王也对自己的儿子熊槐寄予了很大期望，掌管国家的重任今后将要由熊槐这一代来担当。楚威王多次提醒熊槐，尽管屈原是一介庶民，但凭着他的学识，绝对是熊槐的老师，所以必须虚心向屈原学习。

通过与屈原的接触，熊槐也明显地感觉到了自己在学识上的欠缺；从屈原的勤奋攻读的习惯上，更知道了自己欠缺的原因是什么。

屈原担任熊槐的"侍读"至少有5年。在这5年中，他一直忠实地履行自己的职责。应该说，楚威王时期以及接下来的楚怀王执政前期，一国之主对于优秀人才还是十分看重的。记忆力惊人、知识渊博、思路敏锐、忠于楚国的屈原很快受到了宫廷上下的关注，尤其是楚威王的欣赏。在屈原的悉心辅导下，王太子熊槐的才识有了极大的长进。

公元前319年，楚威王病死，楚太子熊槐即位，是为怀王。怀王即位后即宣诏屈原入郢做三闾大夫。三闾即三姓聚居之地，也就是三户，三闾大夫应当就是春秋战国时期的公族大夫，是教导贵族子弟的教官。那么屈原三闾大夫的职责是掌管屈、景、昭三姓贵族子弟的教育，担当着为楚国培养人才的重任。

屈原上任后，忠于职守、不遗余力。他明白楚国是否兴

盛的关键是人才，楚国能否修明法度、革除旧制也主要取决于有没有贤能之士来辅佐怀王。

此时的怀王正雄心勃勃，也想干一番大事业，要与东方的齐国、西方的秦国比个高低。

由于屈原在三闾大夫任上出色的工作成就和超人的见识，楚怀王大约于公元前318年（楚怀王十一年）任命屈原为左徒。左徒是春秋时期的莫敖，是参议国事的三巨头（即军事长官、行政长官和宗教长官），地位仅次于令尹。

屈原上任后，深得怀王信任，在怀王的支持下力图刷新朝政、革除弊端。他制订了一系列的改革措施，这些改革措施包括"举贤授能"、"修明法度"、"及前王之踵武"和"国富强而法立"的目标。政治清明、君臣协作，使楚国出现了前所未有的辉煌景象。对于这段日子，在30年后屈原沉江前的绝笔诗《惜往日》中还有真切的回忆：

> 惜往日之曾信兮，受命诏以昭时。
>
> 奉先功以照下兮，明法度之嫌疑。
>
> 国富强而法立兮，属贞臣而日嬉。
>
> 秘密事之载心兮，虽过失犹弗治。

这是屈原深受怀王信任时国势强盛的真实写照。屈原在外交上也表现出非凡的才能，在各诸侯国之间也享有盛誉。他果断地改变楚国亲秦外交政策，而与东方的大国齐国结成巩固的联盟。

这在当时形势下对楚国来说是唯一正确的选择。秦国已成为七国中最强的国家，而楚国由于旧贵族势力极其顽固，改革的步伐极为缓慢。

早些时候的吴起变法仅实行一年便告夭折，因此楚国迫切需要较为稳定的和平环境来改革内政，完成由奴隶制向封建制的转变，然后富强起来，才有统一中国的可能。

如果齐楚断交，就只会被强大的秦国各个击破，达到它灭掉六国的目的。而且秦与楚结盟是有着不可告人的目的的，对楚国只是暂时利用和控制。

当时，秦王曾派出许多侏儒到楚国宫廷内部，与楚国贵族私相结交，刺探楚国机密，长期如此下去，楚国只会越来越陷入被动的局面，进而被秦国吃掉。

屈原联齐抗秦的主张，得到令尹昭阳、大工尹昭睢及一些大将的赞同。但大多数贵族却激烈反对。

怀王的叔父很可能就是反对派的主要代表人物之一，他和贵族保守派们纠集起来向怀王施加压力，急欲除去屈原。但怀王支持屈原的改革，他对反对派的意见置之不顾，甚至还镇压了一批激烈反对的顽固保守者，如怀王叔父就被打入了"冥室椟棺"之中。

楚国的改革在怀王的支持下取得了初步的胜利。屈原作为楚国重臣，代表楚国"东使于齐"，与齐国签订了联合抗秦的盟约。

不久在魏相公孙衍的倡导下，由苏秦奔走联合楚、齐、魏、韩、赵结成合纵联盟攻打秦国，这就是历史上著名的"五国伐秦"，以怀王为纵长，浩浩荡荡西出函谷关，虽并没有真正交战，五国无功而还，但已显示出东方合纵尤其是齐楚联盟的巨大威力，使秦国不敢轻举妄动。

主持变法

　　却说屈原埋头忙于制定《宪令》的时候，乐平里突然派人来送信：祖母病危！犹如晴天霹雳，乱箭穿心，顿觉热血上涌，头晕目眩。

　　祖母弥留之际盼孙早归，哪怕只看一眼，也可以瞑目心安，欣然离去了，因而他不能不归，况且祖母是位令人敬仰的长者，儿子长年不在家，整个家族都靠她一个人维系着，亲戚、朋友、邻里的关系都处理得十分得体，她尤其好善乐施，肯济人贫困，宁可自己生活得拮据些，也要千方百计地周济他人，有借粮者，她总是大斗出，小斗入，无力偿还者，亦不讨要，故四乡八邻，有口皆碑。

　　然而，草拟法令的工作刚刚开始，新法早一天出台，楚国就早一天强盛；晚一天问世，就多一天受气挨打，被人欺凌，百姓就多受一天苦难。家事再大亦小，国事再小亦大，为了早救民出水火，为了大楚早一天富国强兵，更为了及早实现天下统一的理想，他必须抓紧草拟各种法令，不能在这关键时刻回家为祖母送终。

　　祖母是通情达理的，她一直希望自己能够有功于国，有惠于民，如今自己正在按她老人家的教导行事，相信她定会原谅自己的不孝。自古忠孝难两全，他愿以制法革新之伟业，来赎这不孝之罪。

　　屈原终究没有回家，他在抓紧赶拟各种新法条文。最近他总觉得头昏脑涨，力不从心，且眼前常冒金星；也许是祖母病危的消息对他的刺激太大，回去怕影响工作，不回去又总念念不忘；也许因近来拼得太狠，劳神太大，耗精太多，睡眠太少；也许兼而有之，不知道，反正他的身体一天天在消瘦，他的面容一天天在憔悴，他的精力一天不如一天。

大家十分忧虑，都在担心他会垮下去，纷纷好言相劝，劝他休息几日，留得青山在，不愁没柴烧，但却无济于事，他依旧埋身书简，伏案疾书。

平时，他的脑海里总是跳跃着那些闪光的、古人和未来的法律条款，只有当精疲力竭，略作休息的时候，面前才浮现出祖母那慈祥的面容，这既是梦中的幻景，又是千真万确的事实，令其永难忘怀。

隔代亲，奶奶亲孙儿，没有二心，这是人的天性，家家如此，人人如此。然而，屈原的祖母柳氏，达到了登峰造极的地步。

小屈原生来白白胖胖，像个瓷娃娃，十分讨人喜爱。尤其是他那对机灵的、水汪汪的大眼睛，能够表情达意，逗人情趣，惹得多少姑姑、姐姐、婶子、大娘禁不住要捧着他那胖胖的脸蛋亲几口。

一周岁后他开始牙牙学语了，小嘴甜得抹了蜜似的；再过一两年，便成了笼中的鹦鹉，枝头的巴哥，常逗得人们笑岔了气，笑弯了腰。这样的孩子，谁个不亲，哪个不爱，简直成了祖母的心肝宝贝，掌上明珠，整日揣在怀里怕烫着，含在嘴里怕化了，时刻都捧在手心里。

作为贵族，屈府虽说几世前就已经败落，但瘦死的骆驼比马大，目下男仆女佣依然有十人之多，老太太却一直亲自

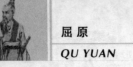
带着这位宝贝孙子，莫说奶娘、保姆、丫鬟，她不放心；就连孩子的生母修淑贤，她也觉得不甚牢靠，因而索性昼夜置于自己身边，白天抱着，夜里搂着。

小屈原因在祖母的怀抱中生活成长，少有活动锻炼的机会，两岁了，还不会坐，人们都说："让他奶奶抱尖尖腔了。"祖母跟屈原，仿佛血相通，脉相连，神经相系，屈原欢天喜地，祖母心花怒放；屈原愁眉苦脸，祖母闷闷不乐；屈原患病，祖母心痛；屈原发烧，祖母心躁；屈原不思饮食，祖母食不甘味；屈原失眠，祖母夜不安寝。

夏天，屈原睡觉，祖母手摇巴蕉扇，为其驱赶蚊蝇；冬季，小屈原的腿脚冻得冷若寒冰，祖母就将其拉到自己的小腹上，用体温一点点给他温热；有一次，屈原患了重病，一连七天七夜昏迷不省人事，水米不进，祖母命人请来了道士，为其念经祈祷，请来了巫师神婆，为其跳神驱邪，自己则将小屈原紧紧搂抱于怀中，默默垂泪，坐了七天七夜，臂膀都压得胀麻酸痛了，修淑贤欲替换一会，她严厉拒绝，直到七天后小屈原转危为安，她才一头栽倒在床……

屈原愈想愈伤心，愈想愈惦念着祖母，愈想愈感到内疚。祖母病重期间，他只回去探望过一次，其时她已骨瘦如柴，但精神尚健，还能抓着他的双手谆谆叮嘱。

转眼几个月过去了，祖母如今怎么样了呢？他真想插翅飞回乐平里，飞回祖母的身边，一头扑进她的怀抱，放声痛哭一场，从此不再离去，昼夜守候服侍，喂水喂饭，煎汤熬药，端屎接尿。然而，当他刚刚打了一个盹，或者蒙蒙眬眬睡了一小觉，睁开惺忪的睡眼，回到清醒的现实中来，静下

心想想围绕着变法改革所进行的激烈斗争时，只好将梦中的酸甜苦辣吞咽腹中，毅然决然地走到水盆前，躬身撩几把冷水浴面，使自己变得更清醒些，精神抖擞地重又投入紧张的工作。

经过近三个月的昼夜拼搏，一系列新法终于草成，交怀王御览钦定，怀王面前呈现着漫漫坦途，一片光明。新法出台，似一声炸雷响过，风在呼啸，云在奔涌，雨似瓢泼，大地在震颤，江河在奔腾。面对这同一件事，在同一时间里，有人在欢呼歌唱，有人在奔走相告，有人破口大骂，有人暴跳如雷，有人策划于密室，有人四处煽风点火，有人在秘密串联……

为了统一思想，不顾屈原的阻挠，一日早朝后，怀王将子椒、靳尚、陈轸、昭睢、景博民等左右楚之朝政的重臣留下，就是否需要变法改革、应该怎样进行变法改革等问题进行了讨论，唇枪舌剑无异于刀光剑影，争辩得十分激烈。

怀王首先讲话，他说："楚自先祖庄王称霸以来，至今280多年了，时悠悠，路漫漫，楚国一直在墨守成规，因循守旧。到了今天，七雄并起，强秦虎视眈眈地觊觎（jì yú）着大楚这块肥肉，不断侵凌骚扰，弄得我西部边疆民无宁日。先君悼王曾任用吴起变法，一年大见成效，国势骤强，南收百越，北并陈、蔡，还打退魏、赵、韩的进攻，向西打过了秦界，后又攻魏，战于州西，出于梁门，军舍林中，马饮于大河。惜乎悼王早崩，吴起惨死，变法失败，楚又一天天沦为衰落。当今诸侯纷争，弱肉强食，

屈原
QU YUAN

50

法古之学，已不足以治国。倘再不思变革图新，总有一天，我们将面临亡国灭族之祸！值此理乱兴邦之时，望诸位爱卿与朕风雨同舟，共襄盛举！"

这里，怀王定了调，调了弦，法是一定要变的，希望众卿与自己同心一德，共推新法，但代表奴隶主贵族利益的一伙，还是按捺不住地要站起来反对，他们似乎要力挽狂澜，坚决阻挠变法改革的实行。

靳尚首起反对，他说："陛下，变法是关系到社稷（jì）百官之大事，还需审慎以行。"

似睡非睡，眼半睁半闭的子椒附和道："上官大夫所言极是，要权衡利弊，多方思虑，以保万无一失。古人云：利不百，不变法；功不十，不易器。依臣之理解，古人此言之意是：无百利不变，利少弊多不变，有利有弊不变，利多弊少亦不变，总之，要有十分的把握。倘轻易变法，改弦易辙，民心则必浮动，国势则必削弱。"

屈原听了这些反对变法改革的陈词滥调，很是气愤，但他并不激动，慢条斯理，却义正辞严地驳斥道："令尹此言差矣！商汤周武所以称王，正因其勇于革除旧制，不墨守先王成规陋俗；殷纣夏桀所以灭国，正是由于其陈陈相因，不思改革。古人云：'三代不同礼而王，五强不同法而霸。'先祖庄王在位二十余载，灭国二十六，扩地三千里，饮马黄河，问鼎中原，正是变法改革的结果。由此可见，王道霸术，贵在变法，富国强兵，势有必然！"

子椒那半闭着的小眼突然睁大，倚老卖老地高声斥道："够了！一个乳臭未干的黄毛小儿，竟然在大王与众位尊长

面前大谈变法，真不知天高地厚也！谈什么庄王称霸，悼王变法，你知道多少楚国的历史！……"

怀王听不下去了，他声色俱厉地说道："请令尹放尊重些，自古'有志不在年高，无志空长百岁'，屈爱卿年齿虽轻，却系朕所任命之当朝左徒。屈爱卿奉朕之命，遵朕之旨而拟新法，新法既成，朕钦定后方宣，你这样讲话，将朕置于何地？如此孤傲狂妄，楚廷这潭浅水，还能容下你这条大鱼吗？……"

子椒虽老朽昏聩，倒也知道自己说错了话，两只小眼眯成了一条线，脸臊得像红布，讷讷半天才说了句"臣知罪……"这自然是言不由衷之语。

怀王既然训斥了子椒，屈原也就不便再说什么，廷上沉默了许久。最后还是屈原打破了这种令人难以忍受的沉默，他说："平不敢说深明楚之历史，倒也略知一二。远的且不说，先君悼王之后，变法中止。贵族拥兵自重，主君形同虚设；井田荒芜，民不聊生，公侯子弟无功受禄，能人贤士纷纷离去，故世有'楚材晋用'之说；面对国库空虚，荒田遍野，兵甲怠战，民心涣散的危险局面，达官贵人却在歌舞升平，横征暴敛，完全置国计民生于不顾，长此以往，正如方才大王所言，必遭亡国灭族之祸……"

靳尚终究是个狡黠之辈，当屈原这样侃侃而谈的时候，他那瘦削的瓦刀脸拉得更长了，两只豌豆似的鹞眼滴溜溜乱转，像是在搜寻猎物，又像是在玩味对方谈话的内容，搜索枯肠地研究对策，高耸着尖端带钩的鹰鼻不时地抽搐耸动，这大约是捕捉猎物前的本能动作，那鼻尖还一啄一啄地。他

改变了主题问道:"新法说要治危图强,就得奖励耕战,立垦荒之令,求清正之官,去害民之吏,建忠勇神武之军。请教左徒,这些法令条文究竟何意?"

靳尚的这一突如其来的转弯,想打屈原个措手不及,仿佛一只绿头苍蝇,正在改变阵势找缝下蛆。哪知新法早已吃到了屈原的肚子里,咀嚼得稀烂,靳尚岂能问住!

靳尚的话音刚落,屈原便滔滔不绝地宣讲道:"垦荒之令便是将公田分给耕者,按亩纳税,有余归己,打破封疆之界,奖励开荒造田;所谓求清正之官,便是废除分封世袭之制,广开贤路,唯才是举;害民之吏指的是那些饱食终日,无所用心,巧取豪夺,敲骨吸髓之贪官污吏,那些以权济私者亦在其列;建忠勇神武之军,就是明白地告诉国人:奖励公战,严禁私斗。凡杀敌立功者,不论出身贵贱,都可以破格提拔;凡怯战不前者,即使公侯贵族之后,也严惩不贷!若依此法而行,国人定以公战为荣,私斗为耻,一支无敌无畏之军,便指日可待了。"

子椒对新法怀着刻骨的仇恨,他自己称做"嫉恶如仇",因而尽管刚刚认罪不久,又怒不可遏地瞪大了半睁半闭的双眼,恶狠狠地说:"如依此法,势必使贵贱不分,上下颠倒,公族卑弱,社稷无靠。刁民将犯上作乱,为所欲为,天下岂不就要大乱了吗?"

封人熊忠臣虽然只有三十几岁,思想却极其古板,对新法格格不入,他随声附和说:"近几年来,风不调,雨不顺,地震山崩,此乃天象示警,万不可变法。"

靳尚看准了火候再加议论:"是呀,天意不可违,先王

之法不可变，大王若一意孤行，必遭天下非议与指责。"

陈轸素来十分稳健，不轻易发表意见，靳尚竟敢指责大王一意孤行，他再也不能沉默了，正言厉色地说道："常言道：'疑行无名，疑事无功'，大王既已决定变法，就不必再与众人商议，这样七言八语，反倒容易动摇决心。变法已如箭在弦上，不可不发，而且开弓没有回头箭，绝不徘徊动摇。每行一事，难免要遭人非议与指责，更何况变法改革之壮举呢？'愚者请于成事，智者见于未萌'，既然变法改革利国利民，将使我荆楚富国强兵，何乐而不为！我主莫要顾忌庸臣愚民之七嘴八舌，成大事者不谋于众，锐意变法，大刀阔斧地进行改革吧。"

昭睢不愧为武将，开言吐语则必火药味甚浓，他张大了嗓门吼道："汤武不尊古而强，殷夏不变法而亡，此乃历史之教训。大丈夫立世，当一展平生之愿，我主大胆变法就是，有胆敢挺身反对者，臣统率之十万大军必将其踏为齑粉！"

顽固派是绝不肯轻易改变自己的立场和观点的，也不会因为有人要将其踏为齑粉就畏缩不前，只是随机应变，不断地改变自己的斗争策略罢了。

子椒虽身为令尹，但却不敢与昭睢针锋相对，他避开了锐利的锋芒，再次将矛头指向了屈原。指向屈原不无道理，因为是他力主变法改革，是他蛊惑怀王不顾祖宗的遗训，而且他刚进京，才任左徒，年轻毛嫩，毫无根基，在子椒看来，屈原远非自己的敌手，他气势汹汹地质问说："屈左徒，你置先王之法于不顾，定要更改，居心何在？"

靳尚见子椒出言不逊，恐招惹灾祸，急忙提醒道："令尹，请冷静点！"

子椒仿佛突然年轻起来，一改老朽昏聩之旧态；又似乎为了社稷江山之安危，早已将自己的死生祸福置之度外，他气冲牛斗地说："社稷安危，在所必争，我冷静不了！"

熊忠臣故作十分友好地说："左徒，你不可违背众意，更不可违背天意！"

在此之际，怀王突然说道："众位爱卿听着，变法图强，昌盛我荆楚，上合天心，下合民意，此乃秉承先公遗训，孝顺列祖列宗之举。"说着他擎起宝剑，将几案上一只碧玉酒樽击而破之说："从今往后，有敢议变法之非者，有如此樽！……"

事已至此，文臣武将，自然无敢再强谏者，朝廷之上，庄严肃穆，犹如阴沉的天空，一场暴风骤雨，就要以雷霆万钧之势，席卷荆楚大地。

屈原主持变法改革，怀王授其龙泉剑一把，朝廷内外，举国上下，有敢反对实施新法者，先斩而后奏。

怀王拜昭睢为大司马，统率全国军队，有敢割据一方，不行新法者，兴师讨之，以军权佐屈原推行新法。

新法代表了中小地主阶级和广大民众的利益，反映了他们的愿望和意志。

贵族中的大多数，从骨子里讲都在反对新法，但一个个都精得像鳖，谁也不愿做那先烂的出头椽子，都在以"识时务者为俊杰"的态度对待新法，故举国上下一片欢腾，新法之行犹风雨雷霆，锐不可当……

才高惹人妒

屈原的改革步步深入，贵族派的反对者们也加紧活动，对触犯了他们既得利益的改革恨得咬牙切齿，并想伺机翦除屈原。

一天，屈原正在起草改革的具体措施，准备扩大改革，进一步选贤任能、斥逐佞臣，以推行其美政理想。上官大夫听说之后，便以拜访屈原为名想要探知这些改革条文的具体内容。他要求屈原给他看看草稿，屈原拒绝了，上官大夫便上来抢夺，屈原将竹简收在一边说："还未经大王过目，其他人不能随便翻看。"

上官大夫恼羞成怒，对屈原说："屈左徒，你起草诏令我原也可与闻、有权过问，不要以为大王这几天瞧得起你，你就不正眼看人了。我跟你说句透亮的话吧，这官你要当就好好当，你要是总跟我们过不去，可怪不得我们给你穿小鞋。"

屈原根本不怕他的威胁，说"悉听尊便"。

上官大夫见恐吓不起作用，便恼怒地说："那好吧，屈左徒，咱走着瞧，看究竟谁高谁低。"便怏怏地走了。

几天之后，上官大夫朝见怀王，谗毁屈原，说："大王，楚国日见强盛，秦国不敢东侵，诸侯望风而服，谁不知道这是因为大王英明。可屈左徒到处扬言'楚之兴旺全靠我屈原出谋划策，每项法令都是我屈原一手制定的，朝中大臣连看也没有看过，大王也不过是过过目而已，楚国能有今日

是我屈原的功劳'。"

怀王素来好大喜功、轻信易怒，听了这话，勃然大怒，因此就对屈原疏远了。

造谣进谗者一个又一个地在楚怀王面前活动，诬陷、中伤，大夫邵滑更是说得连嘴唇皮都快要磨破了。明眼人都能看出，邵滑之流之所以如此陷害屈原，不仅仅是嫉妒，更是亲秦派企图扼杀抗秦派的一种蓄谋已久的险恶行径。

楚怀王了解屈原的为人，也知道屈原变法的最终目的，对于这类谗言，起初当然不信。但邵滑之流轮番上阵，把编造的事情说得像真的一样。楚怀王轻信的缺点终于暴露出来了，他恍然觉得，才华出众、性情高傲的屈原可能真会自以为是，过于表现自己，真会不把包括一国之主在内的贵族和高官放在眼里。楚怀王琢磨着、想象着。他对自己说：有这么多人来提醒我，来向我告状，难道这事还不是真的吗？

楚怀王终于把屈原叫到跟前，当着很多人的面，质问屈原："你是不是因为掌管了变法，而变得狂妄自大？是不是因为觉得自己有才，而疏慢了上官大夫等人？"楚怀王的质问是严厉

的，带着君主凛然的威严。

屈原愣住了，但马上明白了是怎么回事。可是，出于对邵滑之流的极度蔑视，屈原不愿作太多的解释。这世上难道还真没一个公理吗？公理非得要由自己来说，而不能用事实来证明吗？大王您难道就不会意识到自己的质问是错误的吗？……

屈原沉默着，一直沉默着。自尊的他要让楚怀王在这种无声的抗辩中明白事实的真相，感觉正义的力量。

万万没有想到的是，屈原的不屑争辩，竟让楚怀王误以为是理屈词穷，已经承认了自己的抢功和炫耀。

刚愎自用的楚怀王臆断，屈原确实不可大用。于是当即传令，罢免屈原左徒之职，不许上朝参议政事。因为失去了怀王的支持，屈原的改革流产了。

屈原对怀王的中道改志十分震惊，他认定是自己的政治对手上官大夫等人在怀王面前说了自己的坏话。他很气愤，愤恨小人们蒙蔽君王而断送了楚国发展的大好时机。他曾多次请求怀王接见他，向怀王阐述自己的政治主张，表白自己对国家的忠心，试图让怀王驱逐小人而继续改革朝政。但是怀王拒不接纳。

在这段时间里，他作了《九章》中的一篇作品《惜诵》。"惜诵"就是喜欢谏诤的意思。诗中极力表白自己对国家及君王的耿耿忠心：

> 思君其莫我忠兮，忽忘身之贱贫。
>
> 事君而不贰兮，迷不知宠之门。

意思是：我思念君王，是群臣中最忠于他的人，不顾

自己贫贱的身份，竭力为他效劳。侍奉君王专心不贰，不知道哪里是取得宠幸的大门。

然而楚怀王只可思念而不能倚仗，上官大夫等卑鄙小人们左右楚怀王，已布下了蒙蔽君王的天罗地网；屈原与怀王的联系被隔断了。

这次被免职的打击是沉重的，屈原第一次清楚地看到了小人的真实嘴脸和楚国保守贵族的强大势力。他为自己没谨慎地把握好这次改革的机会而懊悔：

> 吾闻作忠以造怨兮，忽谓之过言。
>
> 九折臂而成医兮，吾至今而知其信然。

意思是，"我听说对君王尽忠会引起别人怨恨，过去我一直认为是偏激之言。毕竟要多次得病才能成为医生，我今天才知道的确如此。"

虽然遇到了阻力和挫折，但屈原并不打算改变自己的志向。因此他在怀王终不接纳自己的进谏时，有离开楚都到他处躲避的打算。

✹ 张仪瓦解齐楚 ✹

张仪是战国时期纵横家的代表人物，他本是魏国人，熟悉各国情况，能言善辩。从公元前328年（秦惠王十年、楚怀王元年）起，他在秦国当丞相，他一贯主张以连横方式瓦解六国，使秦国称霸天下。

苏秦游说六国，采用合纵战略，联合起来，共同对抗强

大的秦国。张仪则帮着秦国到各国游说，要这些国家与秦国联合攻击别国，叫"连横"。

六国中，齐国和楚国比较强大，两国结成同盟，对付秦国的"连横"。这成了秦惠文王的一块心病，他千方百计想破坏齐、楚两国的关系，以便使秦国渔翁得利。

相国张仪了解秦惠文王的心思，对他说："大王请放心，我有把握让齐、楚两国反目成仇。"

秦惠文王便派张仪到楚国去实施离间计划。张仪和楚怀王身边的宠臣靳（jìn）尚也是老朋友，他先用重金买通了靳尚，也给令尹子椒等各送上一份厚礼，又通过他们送给郑袖许多珍贵的物品，把楚怀王周围的人全部买通。

◎郑袖：楚怀王宠妃。郑袖美貌而嫉妒，性聪慧。楚王宠爱魏美人，郑袖设计让怀王割了魏姬的鼻子。郑袖还干预朝政，收受贿赂，放走张仪，诬害屈原。

这时屈原因没有资格参议朝政，所以张仪的活动极为顺当。怀王本来对秦国没有好感，对张仪此次来楚的目的也很怀疑，但经不住朝臣靳尚、南后郑袖三番五次到他面前说张仪的好话，怀王这才接见了张仪。

张仪对怀王说："现在秦国与楚国边境相接，是亲邻的关系。大王如果相信我的话，就把秦国太子送到楚国做人质，把楚国太子送到秦国做人质，并送秦女来伺侯你，再送一块地牌做食邑，使两国永远保持兄弟关系，不要再互相攻讨。"

张仪还从国力、与各诸侯国的关系、甚至地形等对比，

指出楚国远不如秦国，如果秦国发兵攻楚，不到三个月就会灭掉楚国。他说："现在天下虽然一分为七，但能够称为大国的，也只有楚国、齐国和秦国。秦王派我来贵国，就是为了我们两国之间修好。大王如果肯与齐国断绝往来，我国愿意把商於（商於原来属于楚国，是楚国北部国防要地，在楚宣王当政期间，公元前369—公元前340年，被秦国的商鞅夺去）地方总共方圆六百里土地送给您，让我们两国世代结为友好邻邦。这样一来，楚既得到大片土地，又与秦国联盟，对齐国形成威胁，齐王不得不服从大王、为大王效力，对楚来说，真可谓一举三得。"

昏聩（kuì）贪婪的怀王信以为真，说："这商於之地原来是楚国的领土，被秦国夺去了几十年，现在能够收复，真是太好了！"他立即在朝廷上宣布，答应张仪的条件，群臣齐声道贺。

只有大夫屈原皱着眉头说："我看这未必是好事，不要高兴得太早。"

楚怀王板着脸问他："我们不费一兵一卒，白白得到六百里地，为什么不是好事呢？"

屈原回答："秦国之所以看重大王，是因为大王有齐国的支持。现在秦国还没有还给我们土地而先与齐国绝交，这样楚国就孤立了，秦国又怎么会看重孤立无援的国家呢？你如果先让秦国割地然后与齐国绝交，秦国的诡计就不能得逞；而先与齐国绝交，再向秦国要地，秦国肯定不会割地，这是一个骗局，大王三思啊！"

"现在秦国这样看重楚国，是因为我国与齐国结成了联

盟。如果我国与齐国断交，有事就孤立无援，秦国还会把我国放在眼里吗？"

楚怀王说："不要管那么多，我们先把六百里土地拿下来再说。"

屈原担忧地说："只怕这六百里地也只是张仪的一个诱饵，不一定能够到手。大王不妨先派人跟随张仪到秦国接受商於，等到手后再与齐国断交也不迟。"

有个叫陈轸的大臣也站出来说："张仪是出了名的出尔反尔的小人，大王千万不要中了他的诡计啊！"

靳尚收了张仪那么多贿赂，就帮秦国说了许多好话，竭力怂恿楚怀王按张仪的条件去做，坚决与齐国断交。

楚怀王听惯了奉承拍马的话，认为靳尚的话很有道理，武断地说："张仪是秦国的相国，怎么会说话不算数呢？我们要得到那六百里土地，当然要马上与齐国断交！"

于是，楚怀王一面与齐国断交，一面派逢侯丑跟随张仪到秦国接受商於。

几个月后，怀王派一个将军随张仪到秦国接受割地。一到咸阳，张仪就假装醉酒从车上摔下来，然后推说伤得太重，把将军扔在旅舍，不再露面了。

又几个月过去了，割地的事迟迟没有兑现，怀王非常着急，便派人到秦国打听消息，听说是张仪怀疑楚与齐并没有真正绝交，就立即采取行动：派勇士宋遗到齐国去辱骂齐王。齐王对楚怀王这种无礼的做法十分气愤，他折断了符节（使者凭证），发誓说永远与楚国断绝联盟关系。

张仪得知齐楚关系彻底破裂，便召见楚将军，拿出一

张地图，半真半假地说："你不要搞错，谁肯把六百里土地送人？我是把秦王赏我的六里地送给楚王，这是我自己的封地。"

将军以为听错了，问他说："怀王与你约定的是六百里，怎么这会儿成了六里？"

张仪把眼珠一翻，冷冷地说道："大概是楚王听错了吧？秦国的土地都是祖先恩德传下来的，怎么可能送人呢？我与怀王明明约定的是六里，根本没听说有什么六百里。"

将军愤然回到楚国，回复怀王，怀王气得怔怔地说不出话来，直到这时他才明白上了秦国的当，他恨透了张仪，大骂张仪是反复无常的小人。

接着，他又气急败坏地下令发兵十万攻打秦国，要用武力夺回商於六百里土地。

陈轸连忙劝阻道："现在我国已经和齐国断交，如今孤军去攻打秦国，不一定能够取胜，还是从长计议的好。"

> ◎爵位：又称封爵、世爵，是古代皇族、贵族的封号，用以表示身份等级与权力的高低。自尧帝、舜帝以及夏朝，置五等爵：公、侯、伯、子、男。

楚怀王刚愎（bì）自用，哪里听得进去。公元前312年，为报张仪的欺骗之仇，并夺回楚国的商於之地，楚怀王派大军攻打秦国，秦惠王早已做好准备，而楚国则是草率出兵，自然不是秦国的对手，两国军队大战于丹阳（今河南淅川县附近）。

结果楚军大败，八万士兵捐躯，大将军屈丐、逢侯丑

和受封有爵位的将领等七十余人被俘。楚国不但没有夺回商於之地，而且又失掉了汉中地（今湖北西北、陕西东南一带），战败的消息传到郢都，举国上下都万分悲痛。

楚怀王在郢都举行大规模悼念活动，隆重悼念在丹阳之战中死难的将士，在悼念活动中也同时祭祀鬼神。

屈原也参加了这些活动，创作了具有英雄主义的赞歌《国殇》，同时也根据自己目睹楚人为抗拒秦国的军队而举行的歌舞娱神活动创作了《九歌》中的其他十篇。

对丹阳之败，楚怀王非常不服气，不久又动员全国军队，派将率领进入武关，在蓝田（今陕西蓝田附近）与秦军大战。

这时韩、魏两国因怨恨楚国单方面撕毁六国合纵盟约，又受秦国的挑唆，悄悄派兵从背后偷袭楚军，楚军腹背受敌，力不能支，而齐国痛恨楚国的背盟弃约，不肯出兵援救，楚军又败，狼狈地退回楚国。

出使齐国

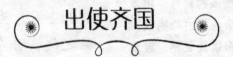

丹阳、蓝田两次大战失败，惨重的代价使怀王清醒了些，他后悔没有采纳屈原的建议，如果用屈原联齐抗秦的策略，绝不会被张仪所骗，也不会有丹阳、蓝田之战的巨大损失。楚怀王考虑到要扭转这极其被动的局面，当务之急是要恢复与齐国的联盟关系，但两次派使者与齐绝交，又派勇士辱骂齐王于朝廷，绝之太甚，现在吃了大亏才想到与齐和

好，齐国会同意吗？又能派谁去与齐和好呢？怀王又想到屈原曾多次出使齐国，在齐国也有极高的声誉，如派屈原前去，还有可能恢复同盟关系。

于是怀王不顾朝臣的激烈反对，召见屈原。对屈原说："寡人一时糊涂，听信张仪的欺骗之言，使楚国遭受这么大的损失，看来我们只有和齐国联盟，才能保全国家。可我们上次绝齐太甚，还能与齐国再次订盟吗？"

屈原虽遭免职、被疏的痛苦，对怀王的做法也很不满，但怀王既然悔悟，他也就没有计较个人的恩怨得失。为了楚国整个国家的利益，屈原是赴汤蹈火在所不辞的。他说："大王，臣多次出使齐国，与齐王也有交谊，和齐重任非我莫属，我愿出使齐国，说服齐王与楚订盟。"

屈原以楚国使臣的身份到了齐国，齐威王并不因为齐楚关系破裂而怠慢他，齐王知道屈原为人正直、坦荡、守信用，是个有德君子，也非常欣赏屈原的才能。但一听屈原说此次来齐是要与齐重订盟约，就不高兴了。他对屈原说："楚王绝齐太甚，使我们齐国难以忍受，况且怀王没有定见、朝夕变化，我们不敢再与楚国订盟了。"

屈原将怀王被欺骗的事原原本本告诉齐王，并将怀王的歉意转达给齐王，说："臣此次出使齐国，一为齐楚重订盟约；二代怀王致歉。齐楚联合，对齐楚两国都有好处；如齐楚不联合，互相攻打、彼此削弱，最终会使秦国坐享渔人之利。楚国与齐国可谓唇齿相依啊！"

齐王点头称是，齐国虽然与秦国相距遥远，暂时还殃及不到齐国，但秦灭掉楚国，齐国还不是刀俎之肉吗？齐王接

受了屈原的意见，与楚重新订立盟约，恢复了两国间的友好同盟关系。

秦国见齐楚结成联盟，无机可乘，便又生出新花样，派遣一个使者到楚国，要求楚国用黔中地与秦国武关以外的商於之地交换。

怀王此时对张仪的仇恨没有削减，对使者说："回去告诉你们大王，我不愿换地，如果你们把张仪送来，我把黔中地白送给秦国。"

秦惠王想交出张仪，但顾及到张仪对秦国一直忠心耿耿，为秦国出了不少力，如今要用他换地，不好意思开口。张仪主动向秦王请求愿意到楚国去，并对秦惠王说："秦国强大，楚国弱小，我是奉您的命令出使楚国，楚国惧怕秦国，不敢杀我。而且我与楚国朝臣靳尚私交很深，靳尚又是郑袖的宠信，到楚国后我多送些钱财给他们，他们定会为我周旋，我不会有生命危险。即使他们杀了我，以我区区张仪的生命能为秦国换回黔中地，我死而无憾！"

张仪到楚国后，立即被怀王囚禁起来，并决意杀掉，靳尚已预先接受了张仪的贿赂，便为他周旋活动，他向怀王进谏说："拘禁张仪，秦王必怒，秦楚大动干戈对楚国不利，而诸侯各国见楚国没有秦国的支持，必定轻视楚国，楚国的处境就极其危险了。"

靳尚又向郑袖进言："张仪是秦国的功臣，秦王派他来是要通过他说服楚王纳秦王爱女为王后。楚怀王必定喜欢秦女，也愿意与强秦结为联盟，这样秦女日益受宠，你的地位就不稳固了。"

郑袖听信此言，极力向怀王撒娇使宠，劝怀王让张仪离开楚国。这时，屈原刚从齐国出使回来，听说怀王要放走张仪，立即进谏怀王："您被张仪欺骗的奇耻大辱难道忘了不成？就是因为他耍弄手段才使齐楚绝交，以致有丹阳、蓝田大败啊！"

楚怀王说："答应张仪与秦和好，又能保住黔中地，这是再好不过的事了。"不听屈原的劝告，放走了张仪而与秦和好。

张仪回秦国后不久，秦惠王死了，武王即位，秦武王对张仪没有好感，张仪只得又回到魏国，公元前310年死于魏。张仪死后，形势又有了变化，六国合纵又有了可能。这时齐威王死去，齐宣王即位。

齐宣王想要当六国纵长，准备联合六国抵抗秦国，他不满楚与秦友好的关系，写信给怀王，建议楚国与齐国和盟。怀王见信后，犹豫不决，不绝秦吧，恐怕得罪齐国；绝秦吧，又恐怕秦国来攻。

于是召集群臣在朝廷上议论，群臣意见不一，有的主张听从齐国，有的主张还是保持与秦的友好。

令尹昭睢力排众议，坚决主张和齐，他说："楚国虽然攻取了越国，但在与秦国的交战中屡屡割地丧兵，必须从秦国手中夺回失地，才能洗刷耻辱，在诸侯中树立威信，今之上策不如深交齐、韩，迫使秦国归还侵占楚国的地盘。"

怀王认为有理，便采纳昭睢的建议，绝秦合齐。屈原因谏杀张仪一事得罪怀王，没有被允许参加廷议，只能通过昭睢等敦促怀王与齐、韩和好。

秦武王在位只4年，公元前306年死去，由他的异母弟秦昭王接位，昭王的母亲是楚国人，他本人又是以异母弟的身份即位大统的，因此登基之初地位并不十分稳固，朝廷内部有内乱的危机。

秦昭王为稳定地位，改变外交政策，联合楚国，派人送给怀王丰厚的礼品，又送秦女给怀王。怀王也想利用秦昭王母党的关系拉拢秦国，力图在秦国树立亲楚派，几番活动之后，使秦国的母党贵戚、楚国人向寿当上了秦国的丞相。

在这种情况下，秦、楚两国于公元前304年（楚怀王二十五年），在黄棘（河南新野东北）正式订盟，秦国将上庸（治所在今湖北竹山县西南）割地给楚国。屈原等竭力坚持的齐楚联盟又被毁掉，楚又投入了秦的怀抱。

郑袖进谗

怀王虽有统一天下之勃勃野心，却无叱咤风云之胆识与能力，倘生于平民之家，应归庸碌之列。他胆小怕事，畏狼惧虎，不禁事，不耐压。以打仗作比，只能打胜，不能打败；以驾船为喻，只能顺风顺水，不能逆风逆浪。自六国合纵，身为纵约长以来，怀王整日做着再次联兵伐秦、一举统一天下的美梦，全无秦远交近攻、挥师东进、蚕食鲸吞的思想准备，一旦秦采取新的外交手段和军事行动，形势对楚不利，他便难以承受，惧怕秦报四年前六国联兵侵伐之仇。一急之下，宿疾复发，肛痔崩漏，脓血淋漓，疼痛难忍。

天阴地晦，风暴雨狂，雷霆震宇，南后非但不忧、不惧，反而庆幸、暗喜，急召靳尚，昏夜中于朝云馆聚首密谋，酝酿新的毒辣阴谋。

◎巫师是男巫女巫的通称，或专指以装神弄鬼替人祈祷为职业的人。古代施术者女称巫，男称觋（xí）。

在楚国，请巫师跳神驱邪，比比皆是，司空见惯。谁家有了病患者，请一个男巫或者女巫来家，那巫师敲着手鼓，腰系响铃，边跳边唱，有点像现在的歌舞演员，虽然没有优美的舞姿，悦耳的歌声，却也粗犷豪放，欢快有趣。他们能应病家所求，言中患者病症、患病的原因以及治疗疾病、驱除邪祟的办法，并愿效力，但需加倍付给爰（yuán）金。

楚宫请巫师为怀王跳神驱邪，那规模，那阵势，那气派，自然与民间不同。男女两队，每队九人，女的妖冶，男的威武。有专门乐队伴奏，男的挥桃枝，女的舞艾草，舞姿新颖别致，队形变化无常；音调高亢，旋律跌宕，或分，或合，或问，或答。

这与其说是跳神驱邪，不如说是一场精彩的歌舞表演。然而，那歌词的内容却全在于驱邪，他们说，大王之所以身染重恙，是因为正有魔鬼缠身；这魔鬼将自己装扮成正人君子，打着富国强兵、统一天下的旗号，骗取了大王的宠信；这魔鬼野心勃勃，正欲篡权夺位，变荆楚天下为己有。倘大王不当机立断地斩黑手，驱恶魔，不仅贵体难得康复，楚之社稷江山，怕也危如累卵……

秃子头上的虱子，明摆着的，这缠身的魔鬼指的不是别人，正是屈原。此刻的怀王，虽说神志尚处半云半雾的状态，对这一点的理解和认识，却是清醒而深刻的。

　　明眼人不难察觉，这些既跳且唱的男女巫师，或者为郑袖、靳尚一伙所收买，装神弄鬼地加害屈原，以挽救他们在官场政界的惨败局面；或者他们本来就是一伙的，经过训练后，故弄玄虚地来愚弄蒙骗怀王，借刀杀人想除掉屈原这个眼中钉，肉中刺。

　　怀王一直以来就特别相信巫术，将巫师之言看成是神灵所示，即所谓的天意。天意不可违，违者必遭天谴（qiǎn），灾难临头。为君者，驱除一个臣子，易如反掌，然而今天，上天命他除掉屈原，他却难以接受。忧虑，苦恼，悱恻，缱绻，怨愤一起袭来，弄得他焦头烂额，心乱如麻。一连数日，他食不甘味，夜不安寝。屈原那谦谦君子的光辉形象，忠贞爱国的博大胸怀，公而忘私的高贵品格，叱咤风云的雄伟气魄，令怀王顿生恻隐之心。没有屈原，便没有一系列新法的出台，变法改革的成果，民富国强的辉煌，六国合纵的新篇章，统率山东六国之师联军伐秦的荣耀。一句话，没有屈原，便没有如今楚国的强盛，天下的大好形势！他的知识，他的节操，他的胆识，他的能量，可与天地共存，日月齐辉，这样的忠贞之臣，怎么能是缠身的魔鬼，令朕国败身亡的隐患呢？怀王没有想到会有人在搞阴谋，弄权术，只意识到有可能是天地不公，判断有误，他在期盼着上天做出新的、公正的裁决……

　　一日，怀王与靳尚下棋，闲谈中怀王道："数月来，屈

左徒忙于联络山东诸国，共对强秦，也不知那制宪令一事进展若何？"怀王这话，像在自言自语，也像是在问靳尚，等待着他的回答。

以危害人类健康为己任的苍蝇，休看其貌不扬，渺小得可怜，却有着极灵敏的嗅觉，闻到腥臊之气，急忙奔去，以便找缝下蛆。

怀王说者无意，靳尚听者有心，他的海豹须抖了三抖，老鼠眼转了三转，瓦刀脸骤然缩短，故作漫不经心地冷冷一笑，说道："依臣推想，屈左徒之宪令怕是早已制定完毕了……"

闻听此言，怀王触电似的，浑身的所有神经顿时拉紧，连面部的肌肉都在抽搐："尔何以知之？"

"这个……"靳尚故作犹豫，欲言又止，"事关重大，臣不敢妄言。"

怀王鼓励着说："爱卿有话请讲，有朕为汝做主，有何惧哉！"

靳尚默然不语良久，似在进行激烈的思想斗争，最后终于下定了决心似的说："大王请想，倘使宪令尚未制成，举国上下，怎么会将宪令的内容传播得沸沸扬扬，街巷里弄，妇孺皆知呢？"

"啊，竟有此事！……"怀王大吃一惊，几乎是被一股巨大的力量弹起了坐席，双目圆睁，脸色铁青，怒不可遏地将几桌踢翻，气冲冲地踏着满地乱滚的黑白棋子走来走去。

看看时机成熟，靳尚火上浇油道："宪令系国之根本大法，未经大王裁决，便近播远扬，这屈左徒也太目无尊

长了！"

一石激起千层浪，一根火柴点燃了堆积于怀王胸中的脂油干柴，即刻腾起了参天烈焰，他炸雷似的吼道："来人哪！"

有内侍闻声而至，低声下气地问道："大王有何吩咐？"

怀王横眉倒竖，唇紫若肝，浑身战抖，字字千钧地命令道："火速传旨左徒府，命屈原即刻进宫，朕要与其三曹对案！"

内侍奉旨，转身欲去，靳尚口出一个"慢"字，举手制止了。他毕恭毕敬地对怀王说道："大王莫非是让那屈原气糊涂了，此刻他正奉旨使齐，如何能马上进宫来见呢？"

"这个……"怀王似在作难，两手相对搓个不止，"待他归来后再见分晓。"

幸亏此刻屈原使齐不在郢都，否则这将是很难收拾的尴尬局面。

假的总是假的，靳尚最怕"见分晓"。本来已经熄灭的炭火，他又投进些干柴，以棍拨之，以风鼓之，令其重燃。沉默有顷，靳尚突如其来地说道："依微臣之见，即使屈左徒正在橘园制宪令，大王宣召，他也未必肯来。"

天子，国君，金口玉牙，他们的话谁敢不听！无一呼百诺之尊，何以为君！怀王不仅要统治楚国，还要一统天下，故靳尚之言很使他寒心，声色俱厉地问道："爱卿此言何意？"

靳尚准备了许久，终于有了进谗的机会，他胸有成竹地说道："宪令者，国之头号机密也。楚有成律：公诸世前，

除了国君，制者不得将其内容泄露给任何人。身为左徒，屡屡制法之屈原，对此不会不知，况且大王曾再三叮嘱要严守机密。而今，宪令的内容我主未阅一字，却弄得家喻户晓，满城风雨，由此可见，屈左徒根本不将大王放在眼里，是可忍，孰不可忍也！……"

火被点起来了，怒被激起来了，靳尚躬腰曲膝立于一旁，俯首低眉，暗自窃笑，以观动静。

怀王火冒三丈，怒发冲冠，满脸阴云，气喘如牛，坐立不安，愤愤地自言自语道："屈原啊屈原，朕自问待汝不薄，倚重若山，寄予厚望，不料羽毛未丰，汝便视朕若草木。汝纵有经天纬地之才，扭转乾坤之力，让朕如何敢继续重用……"

怀王已到了气急败坏的程度，但靳尚却嫌火未旺，怒未盛，恨未深，于是进一步说道："大王有所不知，屈原早已将自己视为当今天下之圣人了。他曾不遗余力地诋毁大王，诬大王昏庸无能，无主见，耳根子软，贪恋酒色。大王命屈原拟法，每一法出，屈原必夸耀其功，言当今之楚，欲拟法，除他莫属。更有甚者，他竟贪天之功为已有，胡说什么无屈原，便无荆楚今日之强盛；无屈原，便无山东六国之合纵；无屈原，便无联兵伐秦之壮举。他还说，在列国事务中，一切均由他左右与摆布，大王不过是傀儡而已。臣在担心，长此以往，楚之黎民百姓，恐怕只知有屈左徒，而不知有大王矣！"

怀王再也听不下去了，堂堂大国之君，怎经得起如此沉重的打击！他只觉得头发蒙，眼发花，热血上涌，脑袋炸

裂，身重若铅，在一点点向下坠落，坠于万丈深渊，周围是无边无际的黑暗。

他的一腔怨愤无处发泄，竟然污水似的一股脑泼向了靳尚："你这只报丧的乌鸦，在此聒噪不休，搅得朕心烦意乱，皂白难辨，再不离去，必唤猎者援弓射之！……"

靳尚本欲一箭双雕，第一，向怀王敬献忠心，以博青睐；第二，谗害屈原，置变法改革于死地。结果却讨了个没趣，怀王骂他是只"报丧的乌鸦"，弄得他留也不好，走亦不是。正当进退维谷之际，是飘然而至的郑袖打破了尴尬局面，解救了靳尚的困窘。

郑袖笑逐颜开，与宫内的气氛极不协调。她细腰若柳，扭来扭去；长袖似虹，飘舞生风。仿佛有一盆汤，质浓，味咸，郑袖正在兑水，加作料，调稀，调淡，调鲜。她半戏谑半认真地说："臣妾斗胆直陈，还望我主恕罪！"

"有话快说，莫要啰嗦！"怀王怒气未息。

郑袖笑容可掬地说："妾之故乡有句俗话，叫做'捧着屁股亲嘴，不知香臭'，大王之举，有如此也……"

怀王怒斥道："君臣无戏言，休得放肆！"

怀王既怒，郑袖一改嬉皮笑脸之前态，忽而变得庄重典雅起来，向怀王深施一礼拜道："本来嘛，上官大夫忠言进谏，将所知屈左徒刚愎自用，目无君王之举，言与大王，正确与否，理当斟酌裁处，正所谓'兼听则明，偏听则暗'，何以要雷霆震怒呢？"郑袖是个乖巧玲珑、左右逢源的角儿，说着话锋陡转："自然，大王之怒，非向上官大夫而发，皆因屈左徒妄自尊大之故也。尊敬的大王陛下，臣妾之

言对否？"怀王颇不耐烦地说："对与不对，皆出汝口，问朕何来。"

郑袖趁怀王低头喝茶之机，给靳尚递了个眼色。靳尚心领神会，向怀王跪地磕头，赔礼请罪，然后以公务繁忙为由，拱手告退了。

宫室内只剩下怀王与郑袖两个人了，郑袖在靳尚进谗的基础上趁热打铁，大白天吹起了枕边之风。她娓娓动情，绘声绘色，如泣如诉，充分发挥她的表演艺术天赋，喜则满面春风，怒则漫天乌云；笑则莺啭鹂鸣，哭则挥泪如雨。她说，屈原看似正人君子，实则好色之徒也。你看他的诗，除了风花雪月，便是兰蕙芷椒，堂堂男子汉大丈夫，为何要写这些，还不是要唤起女孩子的共鸣！

郑袖说，当臣妾病卧床榻之际，屈原是何等的殷勤，何等的献媚，天天登门，日日诊治，嘘寒问暖，关怀备至。可是如今大王患病，他竟然既不探问，亦不助太医诊治，相形之下，用心岂不昭然若揭了吗！

郑袖解释说，因为屈左徒是大王所敬重、所依赖的人，当时自己虽从那眼神，从那切脉的力度，从那没完没了的谈吐上，明显地觉察到了屈原心绪不端，颇有几分撩拨挑逗之意，但却不好表示什么。郑袖这样说着，仿佛受到了莫大的侮辱，竟然涕泪交流地失声痛哭起来。

怀王在跟随着郑袖那滔滔不绝的讲述回忆，但他比郑袖想得更多，更远，更深，思想感情的波涛更加汹涌跌宕，尤其是《湘君》、《湘夫人》的内容令其反胃。

然而，怀王毕竟是大国之君，他跟屈原不仅有着深厚

的情意，而且从心底里尊崇他、敬重他，因而未向狭隘的夹道里想，任凭郑袖翻来覆去地讲了半天，他却不着声，不表态，甚至木然呆坐，不动任何声色。

虽然如此，怀王终究是人，而不是物和神。虽头戴九五之尊的冕冠，他也是父母所生，血肉之躯，忙乱起来，顾不得这卿卿我我的烦恼；闲暇时刻则难免要翻肠搅肚，苦苦折磨，夜夜熬煎，有时往开处想，有时则往死胡同里钻。

随着时光的流逝，后者愈占上风，久而久之，渐渐地对屈原由信赖到怀疑，到戒心，到防范，到厌弃，到疏远，只是在眼前这种特殊的国内外形势下，暂且还必须依靠屈原充分发挥其别人无法替代的作用，故而暂且维持着这种面和心不和的局面。

常言道，害人之心不可有，防人之心不可无。屈原却是对任何人都毫无防范的赤诚者，一心只在为国，为民，为天下。正当靳尚、郑袖一伙蠢蠢而动，耍阴谋，施诡计，或策划于密室，或四处煽阴风，点鬼火，一心欲置其于死地的时候，屈原却以耿耿丹心在四处奔波，他跋山涉水，风餐露宿，鞍马劳顿。

凭着自己的远见卓识和雄辩才华，力挽狂澜，迅速扭转了楚之被动局面。秦之君臣为了抵消屈原外交活动的影响和挽回自己的脸面，欲兴师伐齐。为缔结抗秦新条约，也为了显示齐楚亲密无间的兄弟情谊，齐宣王将于近期访楚。

貌美心狠的郑袖

郑袖是一个自私、阴险、毒辣的女人。她是楚怀王熊槐的宠姬，开始他们还天天腻在一起，后来魏国为了讨好楚国，送来了一个美女，容貌压倒了郑袖，喜新厌旧的楚怀王从此专宠专爱魏美人，不再理会郑袖。

可郑袖却没有因此放弃。她抛弃心中对魏美人的嫉妒和痛恨，常常挽着魏美人的手，陪她逛街、买化妆品，时不时送她香水，借给她香薰灯。

郑国送的香云纱，陈国送来的奈良绸，齐国送来的白玉簪（zān），郑袖总是挑好的给魏美人。只要能见着楚怀王，郑袖总是在说魏美人的好话。

魏美人却感觉不到郑袖的别有用心，还当郑袖是闺中密友呢。于是她也乐得投桃报李，常在楚怀王面前为郑袖美言。楚怀王对郑袖非常满意，觉得她贤良淑德，把她树为后宫楷模。

有一天，郑袖对魏美人说："妹妹，你真漂亮，难怪大王喜欢你了，但美中不足的是你的鼻子，真叫人惋惜呀。"

魏美人不知何意，慌乱地用手摸摸鼻子。

郑袖接着说："妹妹呀，我帮你想个法子吧。以后你再看见大王，应该用什么东西将鼻子遮住，不要让大王看见，这样大王就更喜欢你了。"

魏美人不知是计，还对郑袖的指教感激不尽。此后，魏美人每次拜见楚怀王，总是用一束鲜花遮住鼻子，时间久

了，楚怀王对魏美人的做法觉得非常奇怪；郑袖欲言又止，激起了楚王的好奇心，最后郑袖故意羞羞答答地说："大王不要生气，是魏美人不惜抬举，大王对她如此宠爱，她却说大王身上有股臭味，她讨厌闻。"

楚怀王一听，火冒三丈。立即下令把魏美人的鼻子割掉。果然，郑袖从此独占专宠。

郑袖不过是一名受楚怀王恩宠的妃子，对于朝廷的决策，本没有她说话的份。但是，她却一直在为提高自己的地位和争取个人利益竭尽全力，甚至不惜丧失人格，使出毒招。楚怀王的昏庸以及对郑袖的过分包庇，也为她种种阴谋的得逞提供了机会。

渐渐地，郑袖竟然成了楚国宫廷里一名地位特殊的女

人！她可以左右楚怀王，可以颠倒黑白，可以伙同他人为所欲为，实际权力比朝廷重臣还要大。狭隘的心胸使她不能容忍别人与楚怀王的接近，包括屈原。

可是，当楚怀王还是王太子熊槐的时候，屈原就是他的"侍读"，两人朝夕相处。

楚国宫廷里，屈原又是具有相当资历的重臣，变法之事虽然半途而废，但无损于屈原的威望和形象。尽管眼下的楚怀王被谗言包围，对屈原的信任已大不如前，但仍不时地委以重任。

这一切，都使郑袖对屈原产生了极大的嫉妒。更重要的是，郑袖知道自己的自私和无知，且已做下了不少歹事，她非常担心正直的屈原在楚怀王面前揭穿真相。由于郑袖心里有着这些想法，靳尚、子兰等人趁机极力唆使，让她成为攻击陷害屈原的急先锋。

他们首先诬陷屈原惯于表功，处处显摆，觉得自己的才能远远超过楚怀王，是楚国的头号才子。在楚怀王面前，按照他们商量好的说法，郑袖、靳尚、子兰等人轮番地造谣说："如今宫廷里的大小官臣甚至楚国的老百姓，都在说屈原的本领特别大，比大王您大多了。他们还认为没有大王不要紧，没有屈原可不行，因为没有了屈原，大王您就没法当朝。所以真正有权力的，绝对不是大王您，而是您年轻时的'侍读'屈原！"

楚怀王这人刚愎自用，他一方面不可一世，觉得自己非常了不起；另一方面非常嫉恨别人的才华，绝对不允许有人说别人的才华在他之上。

因此，他既少不了屈原，必须利用屈原的才华来处理一系列麻烦问题，同时又对屈原存有戒心，生怕屈原抢了自己的风光。

郑袖的谗言，恰恰与他心里的戒备和担忧是一致的，他便十分相信。而一旦有了这种想法，楚怀王自然就非常排斥屈原。

然后他们污蔑屈原以推行"美政"的名义，否定楚怀王的治国策略，与楚怀王对着干。

靳尚和子兰多次来到楚怀王面前诉说，郑袖也日夜纠缠着楚怀王造谣。他们一遍遍地说，说得楚怀王耳根发麻："屈原推行所谓的'美政'，比如主张选拔人才，废除贵族的特权，这不是想把楚国社会秩序搞乱吗？不是想让那些贵族与大王您对着干吗？屈原提出的什么保护民众，同情弱者，对老百姓要施行'仁政'，不是在污蔑大王您太残暴，在煽动老百姓造反吗？屈原反对'争地以战，杀人盈野'，不同意您为了一小块土地，为了争一口气就出兵，不是在否定您的治国策略，想让别人来攻打我们，最后把楚国给灭了吗？说不定，屈原已暗中勾结了别的诸侯国，想要谋反！……"

楚怀王一向得意于自己的治国策略，并认为自己是楚国历史上最伟大的国君。他认为，在自己的治理下，楚国社会秩序稳定，贵族、官吏和百姓都忠实于自己，楚国在各诸侯国中间也享有很高的威望，连秦国也派张仪来讨好他。至于出兵打仗，使得成批的楚国青年战死沙场，这是难免的事。不打仗，土地不可能由对方白送，我的威风也没法显摆，而

一旦打起仗来，死一些人算不了什么……楚怀王左思右想，越来越觉得屈原的说法和做法没有道理。而且一个重臣，如果老是对国君说三道四，否定国君的治国策略和治国成就，实在太不像话了。我不能因为你曾是我的"侍读"，而听任你的胡言乱语！靳尚、郑袖、子兰等人的造谣诬陷让楚怀王对屈原彻底失望，认定屈原确实已成为自己的对立面，心里那种准备冷落、贬斥屈原的念头越发强烈。还有就是他们诬陷屈原干涉军事，误导将领，导致战事失利。

屈原担任左徒一职期间，尽管不直接指挥军事，主要职责是与国王议论国事，制定法令，并负责接待宾客，应付诸侯使节，但对军事也有着一定的过问权，因此，屈原与楚国军队中的一批重要将领交往较多，过从甚密，屈原的某些战略思想也得到了一些将领的采用。

但靳尚、郑袖、子兰等人牢牢抓住屈原与个别大将关系比较密切这一点，在楚怀王面前恶意攻击："屈原算是什么人呢？他至多只是个文官，凭什么要与将领们厮混在一起，并借机干涉军事？他这是在破坏正常的军事指挥嘛！如果屈原没有在楚国军队出征前，故意搅浑将领的思维，楚国军队会败得这样惨吗？那些骁勇的将领能被对方捉去吗？群雄争战、国家危难之时，竟敢如此大胆地扰乱军队，屈原应该承担一定的责任！"

郑袖、靳尚、子兰之流罗织的这一条罪名，显然最为恶毒。

当时的楚国，无论是上下官吏还是普通老百姓，都对楚国军队连遭失败表现出强烈的不满。他们希望朝廷特别

是楚怀王拿出一个说法。

　　事实上，楚国军队连遭失败，楚怀王自己负有主要责任，但他绝对不会承认。这样的情况下，就需要一个或者一些人，来承担这一责任，充当"替罪羊"。

　　如今，郑袖、靳尚、子兰等人已把屈原描绘成一个成心坏事、扰乱军队、破坏国家稳定的有罪之人，这不是正好吗？这样一想，楚怀王觉得，郑袖、靳尚、子兰等人真是解了自己的围。

　　郑袖、靳尚、子兰等人早已摸透了楚怀王的脾气，他们的谗言就是吃准了楚怀王的心理而设计的。他们知道，只要对着楚怀王反反复复地诽谤、造谣，卷着舌头胡说，即使空无实据，即使十足虚假，耳根极软的楚怀王也会相信。

　　有一次夜深时分，疲乏的楚怀王卧在床榻上，工作了一天的他疲惫至极，心情也不是很好。

郑袖又像平时一样，一边低眉垂眼，装出万般驯服的样子，一边则以貌似温柔的话语，百般诽谤屈原。郑袖还在喋喋不休地说着，楚怀王打断了她。他开始认为屈原这人实在是太可怕了，留在自己身边真的祸患无穷。于是他摆了摆手："就听你的吧，都听你们的，让屈原离开宫中。这样的话，我也可以清静很多……"

这就是屈原的第一次流放。这次他被流放到了汉北地区（汉水的上游）。此后屈原离开郢都，在汉北度过了五六年时间。

第三章

飘泊的灵魂

 **第一次流放**

屈原被流放到汉北一带后，内心非常压抑非常痛苦，他整日徘徊，等待着怀王的觉悟。就在到汉北不久，屈原便作了《抽思》。抽，通"绌"，理出头绪的意思；题目更是直白表意，缕述思绪，抒发了诗人到汉北后，极为矛盾复杂的心理境况。

全诗细致准确地描写了屈原的心理变化过程。首先直接表达了内心的忧思郁结回转，独自长叹却更增伤感，解不开的愁思越缠越乱，沉沉的黑夜又如此漫漫的抑郁感受：

心郁郁之忧思兮，独永叹乎增伤。

思蹇产之不释兮，曼遭夜之方长。

……

紧接着，又想到楚国统治集团的黑暗和腐败，想到对自己的无端诽谤和排斥，禁不住愤怒至极，甚至有了离开楚国的念头，可想到人民，又不忍离去：

愿摇起而横奔兮，览民尤以自镇。

……

这时，诗人不禁想到了那个曾经对自己异常信任和友好，却突然冷眼对他的怀王。更独特地用男女婚约来比喻君臣结合，发出了无奈的感叹——过去你曾诚恳地告诉我，说要以黄昏作为我俩的婚期。谁知你半路上反悔，反而又有了别的打算：

昔君与我诚言兮，曰黄昏以为期。

羌中道而回畔兮，反既有此他志。

……

而在诗的后半部分，屈原则是更多地感慨了自己对怀王的忠诚、炎凉的世态不容正直之人及纵有万般才华却无法施展的无奈，而这一切，又有谁能了解呢？而末句看似随意的喃喃自问却更发人深省：

道思作颂，聊以自救兮。

忧心不遂，斯言谁告兮。

其实，一直以来，屈原总想找个适当的机会向楚怀王当面表白衷肠，但怀王装聋作哑听也不听。屈原多次明确表示自己之所以这么喜欢忠言直谏，是希望君王的美德能发扬光大。他虽然迫不得已流浪汉北，但对国君、对故国始终充满着眷恋之情。而他在汉北的生活也是极其孤独，甚至常有流落异乡的感觉，他举目无亲，独往独来，也没有人能够帮他把自己的衷肠上达君王，自己想表白苦衷又没人来听。他几乎天天远望南山，思念故国而泪水横流，一想到楚国的现实，又低头对着河水叹息哀伤。

初夏之夜已经很短了，但屈原却夜夜不寐，度日如年。即便有时睡着了，回郢都的梦却一个接着一个，尽管郢都的回路那么遥远，可痴情的梦魂一夜之间就回去了九次。

在作完《抽思》后不久，屈原又完成了《思美人》的创作。美人，喻指楚怀王，"思美人"即是追述往事、思念楚怀王的意思。《思美人》所表现的眷眷恋国、恋君之情与《抽思》同调。本篇有"开春发岁"之语，当做于流浪汉北的某年正月。诗中，屈原重申他思念君王、不能自达的哀怨

和他不肯从俗变节的志向：

欲变节以从俗兮，愧易初而屈志。

独历年而离愍（mǐn）兮，羌凭心犹未化。

宁隐闵而寿考兮，何变易之可为！

这几句诗的意思为：想从俗变节、改变本心、委曲意志，内心里又感到惭愧，不愿这样做。因此多年来遭难受罪，心中的忧愤无法消除。宁可隐忍痛苦直到老死，哪能去做那些变节从俗之事呢？

屈原内心存在着坚持修洁与降身辱志两种不同思想之间的矛盾，要么降身辱志，攀缘群小；要么坚持修洁，依从前贤。毫无疑问，斗争的结果一定是坚持自己的理想并且追求到底：

广遂前画兮，未改此度也。

命则处幽，吾将罢兮，愿及白日之未暮也。

意为：还是要坚持自己以前的政治理想，这种态度绝不改变。命运使我处在这幽暗、僻远之地而使我身心交瘁。我愿趁自己还年轻的时候有所作为。

《抽思》最大的特色，就是流贯全篇的缠绵深沉、细腻真切的怨愤之情；而《思美人》则超越时间与空间的局限，大胆地将地上与天国、人间与仙境、历史与现实等融合一体，让现实人物、历史人物、神话人物交织一起，从而形成浓烈的浪漫奇特风格。两首诗异曲同工，深刻地表达了屈原处于挣扎与期望中的内心世界。

❈仰天长叹作《离骚》❈

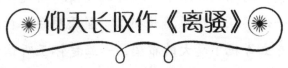

变法失败、官职降低、出使受讥、连见到楚怀王也越来越难了……遇到了这一连串的不顺，屈原常常睡不好，吃不香，整天整夜地关在屋子里叹息。

在郢（yíng）都，特别是在鄢陵，屈原长时间把自己关在屋里，陷入沉思。他一遍遍地问自己：是不是我对楚怀王不够忠诚？是不是我对楚国大地爱得不深？他想来想去，怎么也弄不清究竟在哪里犯了错。

那一天，好不容易下了决心的屈原，终于准备最后一次求见楚怀王，好好地说一说。楚怀王先以国务繁忙为由，几次推迟与屈原见面的时间。到后来，实在没法再推迟了，只好让屈原入殿相见。可是，屈原刚刚说了几句有关邵滑之流卑劣行为的话，楚怀王就一挥手，坚决地打断了他："不要说了！"

屈原只好从楚怀王那儿退出来，默默地回去。他一会儿仰天长叹，一会儿又捧着自己的脑袋，痛心疾首。是的，当年与楚怀王一起在学宫"兰台"并肩读书，畅

论国家大事，两人之间结下了深厚的友情，而现在呢？这是非颠倒的一切实在让屈原不敢相信。屈原明白，自己曾经在楚怀王的身上寄托了莫大的希望，一旦楚怀王听信谗言，抛弃了自己，自己的处境将会非常非常艰难！

屈原是个诗人，他把满腔的郁愤，所有的愁绪、忧虑、失落和希望统统宣泄在了字里行间，从而，便有了《离骚》的问世，也为后人留下了这篇旷世巨作！

《离骚》是一篇令人回肠荡气的长诗，它全面地反映了屈原的思想感情和精神面貌。诗的前一部分诗人回顾了自己殚思竭虑、变法图强、改革朝政的历程；后一部分则写诗人遭谗被疏后内心产生的种种矛盾，以及誓死殉于理想、殉于祖国的决心。诗中对楚国腐朽贵族颠倒是非、嫉贤害能的黑暗统治和误国行为做了尖锐抨击，也倾吐了诗人赤诚的爱国信念和救国无门的极端痛苦和忧伤。全诗情感起伏强烈，震撼人心。

开篇，诗人以极其庄重的口吻，首先自叙世系、祖考、诞生和命名：

> 帝高阳之苗裔兮，朕皇考曰伯庸。
>
> 摄提贞于孟陬兮，惟庚寅吾以降。
>
> 皇览揆余初度兮，肇锡余以嘉名。
>
> 名余曰正则兮，字余曰灵均。

意为：高阳帝颛顼的后代，与楚王本属同宗之亲，我已去世的父亲字伯庸。我的生辰也与他人不同，恰好是生在寅年寅月庚寅日。父亲仔细揣测我的生辰，于是赐给我相应的美名：父亲把我的名取为正则，同时把我的字叫作灵均。

第二部分，诗人表白自己的品德、才能、理想以及自己献身君国的愿望：

> 纷吾既有此内美兮，又重之以修能。
>
> 扈（hù）江离与辟芷兮，纫秋兰以为佩。
>
> 昔三后之纯粹兮，固众芳之所在。
>
> 杂申椒与菌桂兮，岂惟纫夫蕙茝！
>
> 汩余若将不及兮，恐年岁之不吾与。
>
> 朝搴（qiān）阰之木兰兮，夕揽洲之宿莽。
>
> 日月忽其不淹兮，春与秋其代序。
>
> 惟草木之零落兮，恐美人之迟暮。
>
> 不抚壮而弃秽兮，何不改乎此度也？
>
> 乘骐骥以驰骋兮，来吾道夫先路！

意为：我有很好的天赋和素质，又不断地加强自己的修养。我把江离芷草披在肩上，把秋兰结成索佩挂身旁。从前三后公正德行完美，所以群贤都在那里聚会。杂聚申椒菌桂似的人物，岂止联系优秀的茝和蕙。时光过得飞快，我总好像是赶不上似的，怕是年岁不等人。我早晨到山上拔木兰，黄昏还在水边采集宿莽。时光匆匆而过，毫不停留；春去秋来，季节不断更替。想黄叶在西风里片片飘零，恐怕美人也将逐渐衰老。趁着壮盛之年赶紧摒弃恶德，去改变那些不好的做法，如果你打算骑上骏马驰骋，那么来吧，我来给你引路！

第三部分，诗人表述了自己在实现政治理想的过程中遭遇到的挫折：

> 彼尧舜之耿介兮，既遵道而得路。
>
> 何桀纣之猖披兮，夫唯捷径以窘步。

惟夫党人之偷乐兮，路幽昧以险隘。

岂余身之惮殃兮，恐皇舆之败绩！

忽奔走以先后兮，及前王之踵武。

荃不察余之中情兮，反信谗以齌怒。

余固知謇謇之为患兮，忍而不能舍也。

指九天以为正兮，夫唯灵修之故也。

初既与余成言兮，后悔遁而有他。

余既不难夫离别兮，伤灵修之数化。

意为：唐尧虞舜多么光明正直，他们沿着正道登上坦途。夏桀殷纣多么狂妄邪恶，贪图捷径落得走投无路。只有结党营私的人苟安享乐，他们的前途黑暗而险阻。难道我害怕招灾惹祸吗，我只担心祖国为此覆灭。前前后后我奔走照料啊，希望君王赶上先王脚步。你不深入了解我的忠心，反而听信谗言对我发怒。我早知道忠言直谏有祸，原想忍耐却又控制不住。上指苍天请他给我作证，一切都为了社稷的缘故。你以前既然和我有成约，现另有打算又追悔当初。我并不难于与你别离啊，只是伤心你的反反复复。

第四部分，诗人在政治生涯中遭遇挫折后，不退缩不气馁，反而兴办教育培养人才，可惜最后"群芳"也步入了"众皆竞进以贪婪"的环境中。这是诗人遭遇的第二次挫折，但他依旧积极自勉：

余既滋兰之九畹兮，又树蕙之百亩。

畦留夷与揭车兮，杂杜衡与芳芷。

冀枝叶之峻茂兮，愿竢（sì）时乎吾将刈（yì）。

虽萎绝其亦何伤兮，哀众芳之芜秽。

众皆竞进以贪婪兮，凭不厌乎求索。

羌内恕己以量人兮，各兴心而嫉妒。

忽驰骛以追逐兮，非余心之所急。

老冉冉其将至兮，恐修名之不立。

朝饮木兰之坠露兮，夕餐秋菊之落英。

苟余情其信姱（kuā）以练要兮，长顑（kǎn）颔亦何伤。

揽木根以结茝（chǎi）兮，贯薜荔之落蕊。

矫菌桂以纫蕙兮，索胡绳之纚纚（lí）。

謇（jiǎn）吾法夫前修兮，非世俗之所服。

虽不周于今之人兮，愿依彭咸之遗则。

意为：我已经栽培了很多春兰，又种植了香草秋蕙一大片。分垄培植了留夷和揭车，还把杜衡芳芷套种其间。我希望他们都枝繁叶茂，等待着我收获的那一天。就算它们枯萎死绝有何伤害，使我感到痛心的是它们的质变。大家都拼命争着向上爬，利欲熏心而又贪得无厌。他们猜疑别人宽恕自己，勾心斗角相互妒忌。急于奔走钻营争权夺利，这些都不是我追求的东西。我只觉得老年在渐渐来临，只怕美好名声不能成立 早晨我饮木兰上的露滴，晚上我用菊花残瓣充饥。只要我的情感坚贞不易，形销骨立又有怎么关系。我用树木的根结成茝草，再把薜荔花瓣穿在一起。我拿菌桂枝条联结惠草，胡绳搓成绳索又长又好。我向古代的圣贤学习啊，不是世间俗人能够做到。我与现在的人虽不相容，但却愿依照彭咸的遗教去做。

第五部分，诗人叙述自己因为特立独行，引来世间庸人的谗言诋毁，从而再次遭遇挫折，可他依旧矢志不渝，不愿

屈服于世俗，苟且偷安：

长太息以掩涕兮，哀民生之多艰。

余虽好修姱以鞿（jī）羁兮，謇朝谇（suì）而夕替。

既替余以蕙纕兮，又申之以揽茝。

亦余心之所善兮，虽九死其犹未悔。

怨灵修之浩荡兮，终不察夫民心。

众女嫉余之蛾眉兮，谣诼谓余以善淫。

固时俗之工巧兮，偭规矩而改错。

背绳墨以追曲兮，竞周容以为度。

忳（tún）郁邑余侘傺（chà chì）兮，吾独穷困乎此时也。

宁溘死以流亡兮，余不忍为此态也。

鸷鸟之不群兮，自前世而固然。

何方圜之能周兮，夫孰异道而相安？

屈心而抑志兮，忍尤而攘诟。

伏清白以死直兮，固前圣之所厚！

意为：我揩着眼泪声声长叹，可怜人生道路多么艰难。我虽爱好修洁严于责己，可早晨进谏晚上又丢官。他们攻击我佩戴蕙草啊，又指责我爱好采集茝兰。这是我心中追求的东西，就是多次死亡也不后悔。怨就怨楚王这样糊涂啊，他始终不体察我的心情。那些庸人妒忌我的丰姿，造谣诬蔑说我妖艳好淫。庸人本来善于投机取巧，背弃规矩而又改变政策。违背是非标准追求邪曲，争着苟合取悦作为法则。忧愁烦闷啊我失意不安，现在孤独穷困多么艰难。宁可马上死去魂魄离散，我也坚决不会媚俗取巧啊。雄鹰不与燕雀同群，自古以来就是这样。方与圆怎能

够互相配合，志向不同又怎么能融洽地相处呢？宁愿委屈心志压抑情感，宁把斥责咒骂统统承担。保持清白节操死于直道，这本是古代圣贤所称赞！

第六部分，诗人陷入孤独绝望的境地，内心处在矛盾、彷徨、苦闷、理想以及灵魂搏斗的过程中，最终，再次坚定自己的道德情操和政治理想：

> 悔相道之不察兮，延伫乎吾将反。
>
> 回朕车以复路兮，及行迷之未远。
>
> 步余马于兰皋兮，驰椒丘且焉止息。
>
> 进不入以离尤兮，退将复修吾初服。
>
> 制芰荷以为衣兮，集芙蓉以为裳。
>
> 不吾知其亦已兮，苟余情其信芳。
>
> 高余冠之岌岌兮，长余佩之陆离。
>
> 芳与泽其杂糅兮，唯昭质其犹未亏。
>
> 忽反顾以游目兮，将往观乎四荒。
>
> 佩缤纷其繁饰兮，芳菲菲其弥章。
>
> 民生各有所乐兮，余独好修以为常。
>
> 虽体解吾犹未变兮，岂余心之可惩。

意为：后悔当初没有看清前途，迟疑了一阵我又将回头。调转我的车走回原路啊，趁着迷途未远赶快罢休。我打马在兰草水边行走，跑上椒木小山暂且停留。既然进取不成反而获罪，那就回去把我旧服重修。我要把菱叶裁剪成上衣，并用荷花把下裳织就。没有人了解我也就罢了，只要内心真正馥郁芳柔。把我的帽子加得高高的，把我的佩带增得长悠悠。虽然芳洁污垢混杂一起，只有纯洁品质不会腐朽。

我忽然回头啊纵目四望，我要游观四面遥远地方。佩戴五彩缤纷华丽装饰，散发着一阵阵浓郁清香。人生各有各的乐趣啊，我独爱美，并且习以为常。即使被肢解，我也不会改变啊，难道我的志向是可以挫败的吗？

第七部分，诗人在姐姐女媭的劝诫下，不得已来到重华面前，向他陈述自已的观点，希望引起同情共鸣：

女媭之婵媛兮，申申其詈予：

曰："鲧婞直以亡身兮，终然殀乎羽之野。

汝何博謇而好修兮，纷独有此姱节？

薋菉葹以盈室兮，判独离而不服。

众不可户说兮，孰云察余之中情？

世并举而好朋兮，夫何茕独而不予听？"

依前圣以节中兮，喟凭心而历兹。

济沅湘以南征兮，就重华而陈词：

"启《九辩》与《九歌》兮，夏康娱以自纵。

不顾难以图后兮，五子用失乎家巷。

羿淫游以佚畋兮，又好射夫封狐。

固乱流其鲜终兮，浞又贪夫厥家。

浇身被服强圉兮，纵欲而不忍。

日康娱而自忘兮，厥首用夫颠陨。

夏桀之常违兮，乃遂焉而逢殃。

后辛之菹醢兮，殷宗用而不长。

汤禹俨而祗敬兮，周论道而莫差。

举贤而授能兮，循绳墨而不颇。

皇天无私阿兮，览民德焉错辅。

夫维圣哲以茂行兮，苟得用此下土。

瞻前而顾后兮，相观民之计极。

夫孰非义而可用兮？孰非善而可服？

阽余身而危死兮，览余初其犹未悔。

不量凿而正枘兮，固前修以菹醢。"

曾歔欷余郁邑兮，哀朕时之不当。

揽茹蕙以掩涕兮，沾余襟之浪浪。

意为：姐姐对我遭遇十分关切，她曾经一再地向我告诫："鲧太刚直不顾性命，结果被杀死在羽山荒野。你何忠言无忌爱好修饰，还独有很多美好的节操。满屋堆着都是普通花草，你却与众不同不肯佩戴。众人无法挨家挨户说明，谁会来详察我们的本心。世上的人都爱成群结伙，为何对我的话总是不听？"我以先圣行为节制性情，愤懑心情至今不能平静。渡过沅水湘水向南走去，我要对虞舜把道理讲清："夏启偷得《九辩》和《九歌》啊，他寻欢作乐而放纵忘情。不考虑将来看不到危难，因此武观得以酿成内乱。后羿爱好田猎溺于游乐，对射杀大狐狸特别喜欢。本来淫乱之徒无好结果，寒浞杀羿把他妻子霸占。寒浇自恃有强大的力气，放纵情欲不肯节制自己。天天寻欢作乐忘掉自身，因此他的脑袋终于落地。夏桀行为总是违背常理，结果灾殃也就难以躲避。纣王把忠良剁成肉酱啊，殷朝天下因此不能久长。商汤夏禹态度严肃恭敬，正确讲究道理还有文王。他们都能选拔贤者能人，遵循一定准则不会走样。上天对一切都公正无私，见有德的人就给予扶持。只有古代圣王德行高尚，才能够享有天下的土地。回顾过去啊把未来瞻望，观察

做人根本打算怎样。哪有不义的事可以去干，哪有不善的事应该承当。我虽然面临死亡的危险，毫不后悔自己当初志向。不度量凿眼就削正榫头，前代的贤人正因此遭殃。"我泣声不绝啊烦恼悲伤，哀叹自己未逢美好时光。拿着柔软惠草揩抹眼泪，热泪滚滚沾湿我的衣裳。

第八部分，诗人在重华面前阐述自己的"举贤授能"的政治主张后，引出神游天地，"上下求索"的幻想境界，充分表达不容于世的强烈感情：

跪敷衽（rèn）以陈辞兮，耿吾既得此中正。

驷玉虬以桀鹥兮，溘埃风余上征。

朝发轫于苍梧兮，夕余至乎县圃。

欲少留此灵琐兮，日忽忽其将暮。

吾令羲和弭节兮，望崦嵫（yān zī）而勿迫。

路漫漫其修远兮，吾将上下而求索。

饮余马于咸池兮，总余辔（pèi）乎扶桑。

折若木以拂日兮，聊逍遥以相羊。

前望舒使先驱兮，后飞廉使奔属。

鸾皇为余先戒兮，雷师告余以未具。

吾令凤鸟飞腾兮，继之以日夜。

飘风屯其相离兮，帅云霓而来御。

纷总总其离合兮，斑陆离其上下。

吾令帝阍（hūn）开关兮，倚阊阖（chāng hé）而望予。

时暧暧其将罢兮，结幽兰而延伫。

世溷（hùn）浊而不分兮，好蔽美而嫉妒。

朝吾将济于白水兮，登阆（làng）风而绁（xiè）马。

忽反顾以流涕兮，哀高丘之无女。

溘吾游此春宫兮，折琼枝以继佩。

及荣华之未落兮，相下女之可诒（yí）。

吾令丰隆乘云兮，求宓妃之所在。

解佩纕以结言兮，吾令蹇修以为理。

纷总总其离合兮，忽纬繣其难迁。

夕归次于穷石兮，朝濯（zhuó）发乎洧（wěi）盘。

保厥美以骄傲兮，日康娱以淫游。

虽信美而无礼兮，来违弃而改求。

览相观于四极兮，周流乎天余乃下。

望瑶台之偃蹇兮，见有娀之佚女。

吾令鸩为媒兮，鸩告余以不好。

雄鸠之鸣逝兮，余犹恶其佻巧。

心犹豫而狐疑兮，欲自适而不可。

凤皇既受诒兮，恐高辛之先我。

欲远集而无所止兮，聊浮游以逍遥。

及少康之未家兮，留有虞之二姚。

理弱而媒拙兮，恐导言之不固。

世溷浊而嫉贤兮，好蔽美而称恶。

闺中既以邃远兮，哲王又不寤（wù）。

怀朕情而不发兮，余焉能忍而与此终古？

意为：铺开衣襟跪着慢慢细讲，我已获得正道心里亮堂。驾驭着玉虬（qiú）啊乘着风车，飘忽离开尘世飞到天上。早晨从南方的苍梧出发，傍晚就到达了昆仑山上。我本想在灵琐稍事逗留，夕阳西下已经暮色苍茫。我命令羲和停

鞭慢行啊，莫叫太阳迫近崦嵫山旁。前面的道路啊又远又长，我要上上下下追求理想。让我的马在咸池里饮水，把马缰绳拴在扶桑树上。折下若木枝来挡住太阳，我可以暂时从容地徜徉。叫前面的望舒作为前驱，让后面的飞廉紧紧跟上。鸾鸟凤凰为我在前戒备，雷师却说还没安排停当。我命令凤凰展翅飞腾啊，要日以继夜地不停飞翔。旋风结聚起来互相靠拢，它率领着云霓向我迎上。云霓越聚越多忽离忽合，五光十色上下飘浮荡漾。我叫天门守卫把门打开，他却倚靠天门把我呆望。日色渐暗时间已经晚了，我组结着幽兰久久徜徉。这个世道混浊善恶不分，喜欢嫉妒别人抹煞所长。

清晨我将要渡过白水河，登上阆风山把马儿系着。忽然回头眺望涕泪淋漓，哀叹高丘竟然没有美女。我飘忽地来到春宫一游，折下玉树枝条做佩饰。趁琼枝上花朵还没有凋零，把能受馈赠的美女找寻。我命令云师把云车驾起，我去寻找宓妃住在何处。解下佩带束好求婚书信，我请蹇修前去给我做媒。云霓纷纷簇集忽离忽合，很快知道事情乖戾难成。晚上宓妃回到穷石住宿，清晨到洧盘把头发洗濯。宓妃仗着貌美骄傲自大，成天放荡不羁寻欢作乐。她虽然美丽但不守礼法，算了吧，放弃她另外找吧。我在天上观察四面八方，周流一遍后从天而降。遥望华丽巍峨的玉台啊，见有娀氏美女住在台上。我请鸩鸟前去给我做媒，鸩鸟却说那个美女不好。雄鸩叫唤着飞去说媒啊，我又嫌它过分诡诈轻佻。我心中犹豫而疑惑不定，想自己去吧又觉得不妙。凤凰已接受托佚的聘礼，恐怕高辛赶在我前面了。想到远方去又无处

安居，只好四处游荡流浪逍遥。趁少康还未结婚的时节，还留着有虞国两位阿娇。媒人无能没有灵牙利齿，恐怕能说合的希望很小。

世间混乱污浊嫉贤妒能，爱障蔽美德把恶事称道。闺中美女既然难以接近，贤智君王始终又不醒觉。满腔忠贞激情无处倾诉，我怎么能永远忍耐下去！

第九部分，诗人听了巫咸的话决定离开楚国，可内心却分外矛盾挣扎：

> 索藑茅以筳篿兮，命灵氛为余占之。曰：
>
> "两美其必合兮，孰信修而慕之？
>
> 思九州之博大兮，岂惟是其有女？"
>
> 曰："勉远逝而无狐疑兮，孰求美而释女？
>
> 何所独无芳草兮，尔何怀乎故宇？
>
> 世幽昧以眩曜（yào）兮，孰云察余之善恶？
>
> 民好恶其不同兮，惟此党人其独异！
>
> 户服艾以盈要兮，谓幽兰其不可佩。
>
> 览察草木其犹未得兮，岂珵美之能当？
>
> 苏粪壤以充帏（wéi）兮，谓申椒其不芳。"
>
> 欲从灵氛之吉占兮，心犹豫而狐疑。
>
> 巫咸将夕降兮，怀椒糈（xǔ）而要之。
>
> 百神翳其备降兮，九疑缤其并迎。
>
> 皇剡（shàn）剡其扬灵兮，告余以吉故。
>
> 曰："勉升降以上下兮，求矩矱之所同。
>
> 汤禹严而求合兮，挚咎繇（yáo）而能调。
>
> 苟中情其好修兮，又何必用夫行媒？

说操筑于傅岩兮，武丁用而不疑。

吕望之鼓刀兮，遭周文而得举。

宁戚之讴歌兮，齐桓闻以该辅。

及年岁之未晏兮，时亦犹其未央。

恐鹈（tí）鴂之先鸣兮，使夫百草为之不芳。"

何琼佩之偃蹇兮，众薆然而蔽之。

惟此党人之不谅兮，恐嫉妒而折之。

时缤纷其变易兮，又何可以淹留？

兰芷变而不芳兮，荃蕙化而为茅。

何昔日之芳草兮，今直为此萧艾也？

岂其有他故兮，莫好修之害也！

余以兰为可恃兮，羌无实而容长。

委厥美以从俗兮，苟得列乎众芳。

椒专佞以慢慆兮，榝又欲充夫佩帏。

既干进而务入兮，又何芳之能祗（zhī）？

固时俗之流从兮，又孰能无变化？

览椒兰其若兹兮，又况揭车与江离？

惟兹佩之可贵兮，委厥美而历兹。

芳菲菲而难亏兮，芬至今犹未沫。

和调度以自娱兮，聊浮游而求女。

及余饰之方壮兮，周流观乎上下。

意为：我找来了灵草和细竹片，请求神巫为我占卜。我问："听说双方美好必将结合，看谁真正好修必然爱慕。想到天下多么辽阔广大，难道只有这里才有娇女？"他说："劝你远走高飞不要迟疑，谁寻求美人会把你放弃？世间什

么地方没有芳草，你又何必苦苦怀恋故地？世道黑暗使人眼花迷乱，谁又能够了解我们底细。人们的好恶本来就不同，只是这帮庸人更加怪异。人人都把艾草挂在腰间，说幽兰是不可佩的东西。对草木好坏还分辨不清，怎么能够正确评价玉器？用粪土塞满自己的香袋，反说佩的申椒没有香气。"想听从灵氛占卜的好卦，心里犹豫迟疑决定不下。听说巫咸今晚将要降神，我带着花椒精米去接他。天上诸神遮天蔽日齐降。

九嶷（yí）山的众神纷纷迎迓（yà）。他们灵光闪闪显示神灵，巫咸又告诉我不少佳话。他说："应该努力上天下地，去寻求意气相投的同道。汤禹为人严正虚心求贤，得到伊尹皋陶君臣协调。只要内心善良爱好修洁，又何必一定用媒人介绍？傅说拿梼杌（táo wù）在傅岩筑墙，武丁毫不犹豫用他为相。姜太公曾经摆弄过屠刀，他被任用是遇到周文王。宁戚喂牛敲着牛角歌唱，齐桓公听见后任为大夫。趁现在年轻大有作为啊，施展才能还有大好时光。只怕杜鹃它叫得太早啊，使得百草因此不再芬芳。"为什么这样美好的琼佩，人们却要掩盖它的光辉。想到这帮庸人不讲信义，恐怕出于嫉妒把它摧毁。时世纷乱而变化无常啊，我怎么可以在这里久留。兰草和芷草失掉了芬芳，荃草和惠草也变成茅莠。为什么从前的这些香草，今天全都成为荒蒿（gǎo）野艾。

难道还有什么别的理由，不爱好修洁造成的祸害。我还以为兰草最可依靠，谁知华而不实虚有其表。兰草抛弃美质追随世俗，勉强列入众芳辱没香草。花椒专横谄媚十分傲

慢，茱萸想进香袋冒充香草。它们既然这么热心钻营，又有什么香草重吐芳馨。本来世态习俗随波逐流，又还有谁能够意志坚定。看到香椒兰草变成这样，何况揭车江离能不变心。只有我的佩饰最可贵啊，保持它的美德直到如今。浓郁的香气难以消散啊，到今天还在散发出芳馨。我调度和谐地自我欢娱，姑且飘游四方寻求美女。趁着我的佩饰还很盛美，我要周游观访上天下地。

第十部分，诗人原本听从巫咸的话离开楚国，可最终又不忍离去，而以下诗句便是诗人在这种矛盾恍惚的心情中写下的：

灵氛既告余以吉占兮，历吉日乎吾将行。

折琼枝以为羞兮，精琼靡以为粻。

为余驾飞龙兮，杂瑶象以为车。

何离心之可同兮？吾将远逝以自疏。

遭（zhān）吾道夫昆仑兮，路修远以周流。

扬云霓之晻（àn）蔼兮，鸣玉鸾之啾啾。

朝发轫（rèn）于天津兮，夕余至乎西极。

凤皇翼其承旗兮，高翱翔之翼翼。

忽吾行此流沙兮，遵赤水而容与。

麾蛟龙使梁津兮，诏西皇使涉予。

路修远以多艰兮，腾众车使径待。

路不周以左转兮，指西海以为期。

屯余车其千乘兮，齐玉轪（dài）而并驰。

驾八龙之婉婉兮，载云旗之委蛇（yí）。

抑志而弭（mǐ）节兮，神高驰之邈（miǎo）邈。

奏《九歌》而舞《韶》兮，聊假日以媮乐。

陟 (dǒu) 升皇之赫戏兮，忽临睨夫旧乡。

仆夫悲余马怀兮，蜷局顾而不行。

意为：灵氛已告诉我占得吉卦，选个好日子我准备出发。折下玉树枝叶作为肉脯，我舂碎美玉把干粮备下。给我驾车啊用飞龙为马，车上装饰着美玉和象牙。彼此不同心怎能配合啊，我将要远去主动离开他。我把行程转到昆仑山下，路途遥远继续周游观察。云霞虹霓飞扬遮住阳光，车上玉铃叮当响声错杂。清晨从天河的渡口出发，最远的西边我傍晚到达。凤凰展翅承托这旌旗啊，长空翔翔有节奏地上下。忽然我来到这流沙地段，只得沿着赤水行进缓慢。指挥蛟龙在渡口上架桥，命令西皇将我渡到对岸。

路途多么遥远又多艰险，我传令众车在路旁等待。经过不周山向左转去啊，我的目的地已指向西海。我再把成千辆车子聚集，把玉轮对齐了并驾齐驱。驾车的八龙蜿蜒地前进，载着云霓旗帜随风卷曲。定下心来啊慢慢地前行，难控制飞得远远的思绪。演奏着《九歌》奏起《韶舞》啊，且借大好时光寻求欢娱。太阳东升照得一片明亮，忽然看见我生长的故乡。我的仆从悲伤马也怀念，退缩回头再也不肯走向前方。

最后，诗人以当时楚国的乐曲《乱》作为结尾，同时，也是对自己的一种提醒和告诫：

乱曰："已矣哉！

国无人莫我知兮，

又何怀乎故都！

> 既莫足与为美政兮,
>
> 吾将从彭咸之所居!"

意为:"算了吧!既然国内没有人了解我,我又何必怀念故国旧居。既然不能实现理想政治,那我将追随彭咸安排自己。"

从诗中我们可以看出,屈原心中忧虑的从未是自己,而是楚国的前途,他的理想是使楚国富强,帮助楚王做一个中兴之主。但是,他的理想以及报国的忠贞之心,不但得不到理解,反而因触犯了守旧派贵族的利益而遭到打击排挤,而怀王昏愦糊涂,一味听信谗言,更使他伤心、难过。更使屈原感到悲哀的是,他为实现美政理想而苦心培养的人才也纷纷变质,成为保守派贵族阵营中的人物。尽管屈原被疏远、罢免,遭受了许多严酷的打击,但他从来都没有妥协放弃,而是对理想的追求更为坚定、执着。

《离骚》是一首激情澎湃、规模宏伟的政治抒情诗,是一首现实主义与浪漫主义相结合的艺术杰作。全诗370多句,始终贯穿着诗人无比深厚的爱国主义思想感情以及不放弃、不妥协的积极追求与探索精神。这是屈原用他的理想、遭遇、痛苦、热情、希望,甚至是生命所铸就而成的宏伟佳篇。

《离骚》的创作,既植根于现实,又富于幻想色彩。而在语言形式上,突破了以四字句为主的格局,每句字数不等,少则三,多则十,句法参差错落,多变灵活;全篇隔句用"兮"字作尾,有些句中则配有"之"、"于"、"乎"、"夫"、"而"等虚字,用来协调音节。同时,又多用对偶和大量的楚地方言词汇,带有浓厚的南国情调和

地方特色。这种新的诗歌体裁，为《诗经》以后兴起的骚体文学奠定了基础。

《离骚》在艺术上取得的高度成就，与它丰富深刻的思想内容完美地结合在一起，使它成为中国文学史上光照千古的绝唱，并对后世产生了深远的影响。鲁迅曾赞其为：逸响伟辞，卓绝一世！

《离骚》是中国文学的奇珍，也是世界文学的瑰宝。

祭祀之曲《九歌》

《九歌》名称来源很古，它是夏代的乐章。相传是夏禹的儿子夏启从天上偷下来的。屈原的《九歌》共有十一篇，除《国殇》、《礼魂》之外，其他九篇都以神话传说为题材。《礼魂》是乐曲的尾声，也就是《九歌》的乱辞。《国殇》是追悼阵亡将士的诗歌，内容上与其他篇章不同。其他各篇以祭歌的形式各写一神。如《东皇太一》写天神，《云中君》写云神，《湘君》与《湘夫人》写水神，《大司命》写主寿命之神，《少司命》写主子嗣之神，《东君》写太阳神。

屈原创作《九歌》与楚地风俗有关。楚国的民俗崇敬鬼神，喜欢祭祀，且在祭祀时必奏乐、唱歌、跳舞，并由巫觋（xí）装扮成鬼神的形象，表演一些鬼神的故事，以求得鬼神福佑。屈原利用民间祭歌的形式，吸取楚地民间的神话故事，创作了这组清新优美的抒情诗。

◎祭祀：是向神灵求福消灾的传统礼俗仪式，被称为吉礼。"祭祀"也意为敬神、求神和祭拜祖先。原始时代，人们认为人的灵魂可以离开躯体而存在。祭祀便是这种灵魂观念的派生物。

《东皇太一》是《九歌》的第一篇。这首诗从祭祀开始写起，而后写怎样祭奠、怎样歌舞，一直写到收尾，把带有原始气息的一次祭祀过程生动地再现了出来。

天神是自然万物的本源，是福善祸因的主宰，他的威力至大无边。

从诗中来看，在祭祀时由男巫扮东皇太一，由女巫扮主祭者，女巫独唱独舞，或群巫合唱，祭祀者东皇太一并没有降临。

《云中君》写祭祀云神。云中君即云中之神，名丰隆，又名屏翳（yì）。这篇诗是以主祭的巫同扮云神的巫（灵子）对唱的形式，来颂扬云神，表现对云神的思慕之情。

诗中描写祭云神的场面和祭者的感受，以云彩表现神的品格，写神将降未降，有许多连蜷曲折；既降之后，一瞬间又飘忽远去。因此祭祀者们劳心忧思，唯恐祈祷不灵，得不到雨露滋养，所以依恋叹息。

高清美丽的云神是自然界云的化身，洁白明丽，霞光灿烂，在天空中周流往返，无所不到。古人对于祭云，有祈雨的一面，也有赞美其美丽的一面。

《湘君》、《湘夫人》写的是湘水之神。湘是指古代湘水，即今之湘江（湘江发源于广西境内，流经湖南，注入洞

庭湖）。它是楚国南部最大的河流。湘江两岸风景秀丽，有许多美丽的神话，湘水的主宰者湘君、湘夫人就是这神话中最动人的一对神灵。

湘君、湘夫人神话源于原始人对山川自然的一种崇拜。原始人用自己的生活方式想象神的生活，人间有夫妻，神灵也应当有配偶。这样就产生了湘君、湘夫人是一对配偶神的故事。在流传过程中人们又把它同舜与妃的传说合在一起，舜成了湘水男神的化身，娥皇、女英便成了湘水女神的化身，神的形象便更为具体。

《湘君》写湘水女神恋湘君。诗一开头写湘夫人已等了很久，见湘君久不来赴约，心里就责备他为什么迟迟不来，肯定是因为什么原因耽搁在路上了。于是她穿戴整齐、打扮得时髦漂亮，驾起桂舟前去迎接他。

她命令江水不起波浪，好让她的船平稳行驶。可辽阔的水面上还是不见湘君的影子。她吹起排箫以排遣她强烈的思念之情。她想也许此时湘君正驾船飞驰而来，他从苍梧出发，顺湘水北上，中途转道向洞庭湖，他的船上装饰着各种香草，湘君站在船头向遥远的涔水北岸眺望，从洞庭湖北面渡过大江，开始显示他的灵异。然而这毕竟只是幻想，湘君并没有来，在极度痛苦之中，湘夫人伤心得流下泪来。

她担心自己对湘君的苦思苦恋徒劳无益，就如同到水中去采薜荔，到树梢去采荷花一样劳而无功。湘君如不与自己同心，媒人白白忙碌，感情不深，就会轻易抛弃。不以忠诚相交长相怨恨，约好相会而不守信用，还欺骗我说不得空闲。失望至极，她将湘君赠给她的爱情信物玉佩抛入江中，

表示永远断绝关系。

　　但是这相思之情又无法割断，她徘徊江边、不忍离去，到芳草洲上采摘杜若，准备送给心爱的人。

　　《湘夫人》是写湘君对湘夫人的思恋：

　　　　帝子降兮北渚，目眇眇兮愁予。

　　　　袅袅兮秋风，洞庭波兮木叶下。

　　诗一开始就渲染了一种怅惘、悲凉的气氛。为爱情的波折定下了一个基调。帝尧之女湘夫人已降临在北洲，湘君极目远望，可不见她的踪影，心里十分愁闷，只见秋风吹拂，洞庭湖面掀起水波，树叶纷纷飘落。

　　湘君担心自己对湘夫人的思念是枉费心机，向湘夫人求爱也会自寻烦恼，但他仍念念不忘自己的心中人。他想象湘夫人将他召去，两人共同建造美丽的居室：

　　　　荷叶屋顶，荪草为墙；

　　　　紫贝庭院，香椒满堂；

　　　　薜荔做帘，蕙草编帐；

　　　　群神云集，环绕四旁。

　　然而这只是湘君的幻想，现实的情况是湘夫人根本没来。湘君认为是湘夫人抛弃了自己，就把对方赠给自己的佩囊抛向江心，但转念又想这只是自己的推测，自己思念着对方，对方肯定也在思念着自己。想到这里湘君便到沙洲上面拔取杜若，准备送给远方的恋人。

　　《湘君》、《湘夫人》虽然各自成篇，但文章的结构相似，语气上互相呼应，合起来则浑然一体，反映了一个共同的主题。两人相约见面，互候不至，便由相互思恋爱慕转

而互相猜疑、怨望，各把对方所赠信物抛于水中以示决绝。然而真挚的情爱无法割断，于是又各自采摘香花准备赠送对方，企盼再续情缘。

这两首诗写得缠绵悱恻、低徊往复。虽没有正面写到湘君、湘夫人的形象，但通过对他们心理活动的细腻描绘，以及环境气氛的渲染、烘托，有力地凸显了他们高洁的情操、真挚的情感，充分展示了具有浓烈悲剧意味的生死离别的主题。

《大司命》和《少司命》描写祭祀司命之神的活动。大司命和少司命本是两颗星宿，据说他们主宰着人们的寿命。大司命主管人类的生死，所以称为大；少司命专管儿童的命运，所以称为少。

《大司命》祭祀开始，大司命神大开天门，乘云而降，女巫立即逾越空桑（神话中的山名）相迎。然而，大司命瞬降即逝，要去请天帝到人间来，因为自己虽主人之寿命，但不敢擅自做主。主祭女巫对他的离去无限怅惘，设法挽留，终无效验。于是，在无可奈何之中想出一种解脱办法："固人命兮有当，孰离合之可为？"人的寿命既然有一定的限数，那么，与神的聚散又有何关系呢？大司命神的出现实际上所反映的是人们对生命问题的看法，人生无常，随时受到死亡的威胁，而人的寿夭不齐，这个不可理解的问题，就是寿夭之神产生的原因。人们为了长寿延年，怀着虔诚的心情向大司命神祈求福寿。但寿命总要完结。因此本篇中大司命的形象严肃、神秘而又冷酷。这实际上反映了人们在寿命问题上无可奈何的心理状态。

人们祭祀大司命神，向他献上鲜花，表达敬慕之情，希望能感动他，这反映的是人们热爱生活、祈求长寿的强烈愿望。

　　而对《少司命》祭祀活动的描写则更像是一段美丽的神话传说。祭少司命时，女巫感到少司命之神即将降临，试图告诉他人间自有好儿女，何必为他们的安康愁苦；当少司命降临时，见满堂美人齐舞，唯女巫与他眉目传情。少司命不言不语，一刹那即飞离而去。主祭女巫十分悲哀，从云际候望那已回归天界的少司命。他正乘坐着装饰华美的车子登上天空去除掉彗星，他右手握长剑，左臂抱儿童，尽心尽职，只有他最适宜做百姓之主。

　　《河伯》描写祭祀河伯的活动。楚昭王有疾，卜者劝他祭祀河神，他认为河神不是楚地神祇，拒绝祭祀，但是到了战国时代，楚国的疆域扩展到黄河流域南侧，这才开始祭祀河神。楚怀王曾建沉马祠，每年用一匹白马沉入黄河以飨（xiǎng）河神，乞求河神保佑楚国能打败秦国。

　　《河伯》这首诗中只取河伯与洛嫔恋爱的片段，叙述的是一个美丽的相思相恋的爱情故事。开始写河伯与洛嫔约会，与她在自己的领地黄河游览、嬉戏，然后他们来到黄河的发源地昆仑山，登高四望，心旷神怡。虽然太阳快下山了，但他们还不愿归去。他们又回到黄河，在小洲上追逐游乐。然而这愉快的时光不能长久，洛嫔该回到她的居住地去了，河伯将她送到南浦，握手言别。孤独的河伯只有层层波涛和群群鱼儿相伴，忍受着"生别离"的痛苦。

　　《山鬼》写的是山中女神的恋爱故事。它细致入微地刻

画了多情女子追求爱情时的一往情深和遭遇挫折后的苦恼，形象真实感人，尤其是对山鬼心理活动的刻画，细腻深婉，极为成功。

山鬼精心地打扮自己，以薜荔为衣、女萝为带，她两目含情，喜笑盈盈，体态窈窕，充满了自信，也相信恋人会喜欢自己的打扮。她以山兽为驾、山木为车急急忙忙前来赴约，并采了一把野花准备送给自己的心上人。可来到约会的地点，却没看见恋人，于是她登上山顶，居高远望，急切盼望恋人到来。山鬼左等不来，右等不来，开始猜想是不是对方把自己忘掉了，不由得产生出一种怨恨的情绪，但又想到恋人是非常喜欢自己的，可能是没有时间前来约会吧。她在自我安慰中苦苦等待，结果恋人还是没有来，她对恋人是否真心爱她产生了怀疑。女神的真心相思得不到相应的回报，她陷入了极度哀伤的忧愤之中。

《东君》歌颂的是太阳神。太阳神即日神，在古代称"朱明"、"耀灵"。因日出东方，祭祀日神的活动又在东门之外举行，故称东君。

太阳神是人世间光明的象征，它每天都降临人间，与人们的日常生活息息相关，因此人们对日神的祭祀就更为热烈。太阳神雄伟壮丽，每天从东方起程：

　　　　暾将出兮东方，照吾槛兮扶桑。

　　　　抚余马兮安驰，夜皎皎兮既明。

　　　　驾龙辀兮乘雷，载云旗兮逶迤。

　　　　长太息兮将上，心低徊兮顾怀。

　　日神的出现，宛如自然界中的东方日出：一轮红日从东方升起，黑夜慢慢退去，大地一片光明，这壮丽热闹的场面，连旁观者都为之神往而忘记回家。

　　在隆重热闹的祭祀典礼中，太阳神并不降临人间，他在高空中俯瞰人间，表示愉悦之意后就继续履行自己的职责。他从东到西不停地运行着，放射出光和热，造福于人类。不仅如此，太阳神还是一位人世间的英雄，具有除暴安良的正义感，他"举长矢兮射天狼（天狼星是传说中主战争的恶星）"，以其巨大的威力，帮助人民除去灾异。

　　《国殇》是追悼为国捐躯将士的挽歌。国殇是指为国作战而死的人。本篇祭祀的对象是楚怀王十七年（公元前312年）丹阳大战时阵亡的八万死难将士。

　　全诗十八句，分两大部分，前十句直赋其事，把古战场描绘得非常具体：

　　　　操吴戈兮被犀甲，车错毂兮短兵接。

　　　　旌蔽日兮敌若云，矢交坠兮士争先。

　　　　凌余阵兮躐余行，左骖殪兮右刃伤。

　　　　霾两轮兮絷四马，援玉枹兮击鸣鼓。

　　　　天时怼兮威灵怒，严杀尽兮弃原野。

　　战士们手握吴戈、身穿犀甲，两军战车撞在一起，只好用短刀相拼。战旗遮蔽了太阳，敌人如黑云般涌来，敌箭射

来急如雨下，但战士们仍奋力冲杀。阵地已被冲垮，行列也被践踏。战车左马倒地死去，右马也受了重伤，好像车轮被埋住，又好像绊住了四匹马。将军挥动鼓槌，用力敲击进军的战鼓。天昏地暗仿佛星辰坠落、鬼神发怒。战士们全部阵亡，尸体抛在战场。

诗人从白热化的战斗开始写起，先写两军对峙，楚军战士奋勇杀敌，士气十足。但终因寡不敌众，渐渐处于劣势，在这种形势下，战士们仍不后退，将军还在击鼓进军。直杀得昏天黑地，楚军战士全部战死，将军被俘。战斗结束了，楚军失败了。诗人描写的是一次失败的战斗，但不低沉、哀婉，突出表现了楚军战士为保卫家国视死如归的高大形象。

后八句是对楚军将士献身祖国的英雄主义精神的礼赞：

> 出不入兮往不反，平原忽兮路超远。
>
> 带长剑兮挟秦弓，首身离兮心不惩。
>
> 诚既勇兮又以武，终刚强兮不可凌。
>
> 身既死兮神以灵，魂魄毅兮为鬼雄。

楚军战士奔赴沙场、义无反顾，如今血染边疆却无法回乡。他们依然佩带着宝剑、手握着秦弓，首身虽然分离，但心里仍不屈服。他们确实英勇善战，刚强不屈，不可侵犯。肉体虽死，浩气长存，英魂不灭，犹为鬼雄。

诗人从"壮士一去兮不复还"的雄心壮志和至死不屈的斗争精神等几个方面热情歌颂勇武刚强、为国捐躯的楚军将士，树立了爱国者的英雄形象，慷慨激昂，鼓舞人心。

这首诗篇幅不大，内涵却十分丰富，风格质朴刚健，句式整齐凝炼，与《九歌》其他各篇婉转缠绵的风格形成

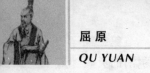

鲜明对比。

《礼魂》一章不是独立的祭祀歌曲，只有五句二十七字，写祭祀的收束场面：

> 成礼兮会鼓，
>
> 传芭兮代舞，
>
> 姱女倡兮容与。
>
> 春兰兮秋菊，
>
> 长无绝兮终古。

祭礼完成，鼓声齐作。众女手持鲜花，相互传递，轮番起舞，歌声婉转悠扬。热烈的场面如在目前。春兰、秋菊寓意美好的生活，这是祈求神灵永远保佑人们生活美好。

总的看来，《九歌》是一组祭诗，也是一组优美的抒情诗。屈原在创作过程中，吸收了大量的民间文学素材，保存了浓厚的民间文学色彩，同时也渗透了自己的思想情感和爱好。

而对于其创作时间，历来说法不一：一种是屈原写于青年时，政治上正是如鱼得水；第二种是屈原写于被顷襄王流放于沅湘期间的晚年失意之作；第三种说法是屈原写于被楚怀王疏远而流放汉北时。但现在得到更多认可的说法是《九歌》十一篇中，对楚王室祭歌的诗作多写于青年时期，而采用民间祭歌形式创作的抒情诗则多为晚年之作。且不论如何，《九歌》不仅是屈原里程碑式的代表作，也更是后人了解楚文化的宝贵财富。

再使齐国

屈原第一次出使齐国之后，楚国日益衰弱，并且再次陷入了秦国的怀抱。目睹庞大的楚国屡战屡败，始终在旁观战的韩、魏等国手脚也发痒了，他们纷纷集合兵力南下，趁火打劫，偷袭楚国空虚的后方，并一直打到邓州（即今河南省邓州）附近。楚国军队听说了韩、魏两国正在偷袭楚地的后方，才慌忙把准备再次攻秦的军队撤回。

烛火幽暗的深宫里，黯然神伤的楚怀王呆呆地坐着。他确实应该好好想一想自己究竟输在哪里了。或许，楚怀王又想起了当年与屈原一起共读于"兰台"的情景；或许，他已觉察屈原的一片挚诚和所受的委屈了。其实，楚怀王还是挺欣赏屈原的政治才能和文学造诣的，毕竟早年他们之间非常和谐，何况屈原从未为自己谋取什么利益，只是一心求楚国的振兴。楚怀王越想越感慨。重新起用屈原的念头越来越强烈。让屈原继续活跃在政治舞台，处理棘手事件，这样才能解决目前最迫切的问题！

深夜，门庭冷落的屈原官邸（dǐ），大门忽然又被官员拍响，在苦闷中夜读的屈原被惊醒，匆匆合上了卷册。屈原从烛光中抬起头来，看见了官员脸上的微笑，看见了官员手中的那册诏文，心里马上预感到了什么。

官员已在大声地向屈原宣读楚怀王的诏文，屈原认真听着，心情却十分复杂。楚怀王就是这样，每当局势危急，需要某人出场救急时，就会想到屈原。而每当听到别有用心者

的谎言和谗言，楚怀王又会马上变得黑白不辨，是非颠倒。屈原不停地默念着，但愿这一回，楚怀王不会再任意改变自己的决断。

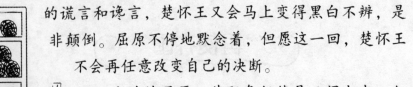

此时的屈原，其职务仍然是三闾大夫，但战事吃紧，他已不能常去鄢陵的宗社主持宗教活动，也没有时间再在"兰台"培养教育王族三姓的人才。他基本上处在搁置一旁、无人关心的境地，无法再为楚国和楚国人民做些什么。正是在这样的情况下，接到楚怀王的诏文，屈原十分激动，甚至又有点感激把重任交给自己的楚怀王。诏文还没有宣读完，屈原已经激动得浑身颤抖。

楚怀王十八年（公元前311年），被楚怀王重新起用的屈原第二次出使齐国，去修补楚、齐两国已被破坏得如同烂渔网般的外交关系，领回被当做人质的太子。屈原几乎是毫不犹豫地走上了重赴齐国之路。

屈原再一次出使齐国，楚国再次打算与齐国结盟的消息传到了秦国，秦惠王又恐慌起来。在前几场的交战中，尽管楚国伤亡颇大，实力受损，但还没有到濒临灭亡的程度。齐、楚关系虽在张仪等人的挑拨离间下变得互相猜忌，齐国

也主动向秦国亮出愿意结成"连横"关系的牌子，但对于不可一世的强秦，齐国毕竟不敢轻举妄动。何况这期间，很多谋臣策士穿梭活动于齐、楚之间，特别是在齐宣王面前游说，让齐国提防着强秦。所以说，齐、楚两国再度结盟还是有着极大的可能性。

更何况，这一回出使齐国的仍是"博闻强志，明于治乱，娴于辞令"的屈原。

秦惠王和他的谋臣策士们马上商量对策，立即反扑。

就这样，屈原还在奔赴齐国的路上，秦国准备向楚国求和的消息就已传到了楚国宫廷内。没过多久，秦国派往楚国的使者果然已在恳求拜见楚怀王了，把心里没底、缺少主意的楚怀王搞得莫名其妙。

这第二次出使齐国，屈原的真诚再次打动了齐国，齐国又有了与楚国结盟的打算。

然而，屈原根本没想到，自己的工夫其实早已白费。昏庸的楚怀王被张仪牵住了鼻子，已决定与秦国结盟，而靳尚、郑袖、子兰等人则趁机在楚怀王面前大造谣言，恶意诋毁屈原，把屈原说成是一个充满野心、不懂谋略、心胸狭隘的小人，而楚怀王竟也稀里糊涂地相信了。满载出使成果回来的屈原，注定将遇上一连串的不公和冤屈。

屈原一回到楚国，就听说张仪刚刚抬脚离去，便急忙打听张仪在楚国期间干了哪些勾当。简单了解之后，屈原怒不可遏，心急如焚。他十分清楚张仪对于楚国的危害，时局被搅乱的后果，以及应该怎样迅速补救的办法。屈原以最快的速度求见楚怀王。

在楚怀王面前，屈原向楚怀王详细地说出了他最想说的话，尤其指出张仪已犯下的不可饶恕的罪孽。屈原的力谏终于使楚怀王从昏梦中有所苏醒，屈原对于时局的中肯分析也让楚怀王渐渐明白自己做下了一件大傻事，他有些后悔了。

楚怀王随即下令，派兵士前去追杀张仪。从空气中嗅出了不祥气息的张仪早已撒腿狂奔；等到追杀他的楚国兵士追到楚国的边境，张仪早就逃出了边境。

消息传来，屈原不由得怅然叹息："此人不除，实在是后患无穷啊！"

楚怀王听取屈原的进谏，派兵士追杀张仪一事，让靳尚、子兰、郑袖等人大为震惊，这说明楚怀王已经识破了张仪的真面目，同时也让他们这群人的真面目露了相。特别是靳尚，内心十分紧张：我可是拿了张仪的不少好处，才那样撒谎鼓捣的呀！如今真相大白，大王会不会惩罚我？

靳尚、子兰、郑袖等人便又匆匆合谋，一致认定屈原正是让他们陷入难堪的人。那么，趁还没有遭受到楚怀王的惩罚，就先拿屈原开刀吧。

楚国与秦国结成同盟的消息传到各诸侯国，各诸侯国十分恼恨。他们拿秦国一时间也没有办法，但联合起来对付实力正在衰落的楚国，还是绰绰有余的。就在这一年，即楚怀王十八年（公元前311年），当楚国兴奋地获得秦国"恩赐"的那一小块"汉中之半"的土地后，韩、魏等诸侯国集中一定兵力，一起攻打楚国，把楚国的军队打得落花流水。

在楚国腹背受敌、被动挨打之时，秦国却一直袖手旁观，根本不管楚军的死活。连最麻木无知的人也应该看出秦

国包藏的祸心了。

屈原实在忍不住了，几次主动向楚怀王建议，说明不能与秦国结盟的种种理由。即使楚怀王不愿听，屈原也要坚持一遍又一遍地说。经过屈原的努力，楚怀王确实已经略有醒悟，但他的醒悟主要是在要不要杀张仪的问题上，而与秦国究竟要不要结盟，在他的心里还是一笔糊涂账。

与此同时，靳尚、子兰、郑袖等人加紧了对屈原的造谣中伤。凭着他们人多势众，也凭着他们极高的社会地位，他们非要把屈原置于死地。值得注意的是，尽管张仪已经离开了楚国，但他在楚国期间，以贿赂手段笼络了许多楚国的贵族高官，并在无意中让这些贵族高官们结成了同伙。在对付屈原这一问题上，这些贵族高官和亲秦派的态度及做法惊人的一致：一方面，他们继续在楚怀王面前编造与秦国结盟的好处；另一方面，继续把屈原描绘成一个充满野心、不懂谋略、心胸狭隘的小人。

于是，楚怀王，这个中国历史上的著名昏君，对屈原的看法又改变了。

梦断郢都

结束了长达六七年的放逐，屈原重新回到宫内。想不到眼下的楚国竟已落到如此孤独、尴尬的境地，言而无信、背信弃义成了诸侯各国对楚国形象的一致看法。不错，屈原从汉北回到宫内的当口，正是风云变幻、时局对于楚国极其不

利的关键时刻。那群宫中小人又开始诽谤中伤屈原，昏庸的楚怀王言行越发荒唐，但热爱着这片土地、担忧这片土地命运的屈原没有太多地顾及自己的利益，而是很快以全部的热情，投入到为国出力、为民效劳的事务中去，对楚怀王的种种不满只能暂时放在一边。

从汉北回来之后的屈原依然担任着三闾大夫一职，只不过在宫中小人的排挤下，他的权力在继续萎缩。此时的屈原早已不计较自己的头衔了，甚至无心为宫廷中的这伙小人耗精费神。他知道自己已年过半百，精力有限，与那伙小人反复纠缠，实在有害无益。然而，除了郑袖、靳尚等人，楚怀王的几个儿子，特别是太子横、子兰越来越不愿放过屈原，他们不能容忍已被一手遮天的楚国宫廷里存在着屈原——这粒硌他们眼睛的沙子。

身为三闾大夫的屈原，曾经主动请求楚怀王。屈原说，自己愿意像以前那样，以使节的身份去诸侯各国活动，以友善和真诚来改变他们对于楚国的不信任、不支援。为了避免误解，屈原还反复声明自己别无所图，只想为楚怀王效力，为重振楚国雄风而奉献。是的，当一个国家已处在孤立无援的境地，又正遭受强敌压境时，它的末日还会远吗？那些只知道追求个人利益的亲秦派是不会在紧要关头挺身而出的。

屈原说得非常恳切，连自己听着，都流下了行行热泪。遗憾的是，对于屈原的一腔真诚，楚怀王无动于衷，他甚至还没有听完屈原的请求，就不耐烦地挥了挥手。屈原伤感地背过身去，默默地离开。不祥的预感早已笼罩了他的心头。

公元前299年（楚怀王三十年），楚国的时局出现了一个更大的变故。

这一年，秦国的军队如潮水般涌来，接连夺去楚国的八座城池，楚国上下人心惶惶。其实，在强大的秦国越来越不屑于楚国的军事实力之后，这样蛮横的夺城行动已经司空见惯。除这之外，便是猫捉老鼠般的戏弄，一会儿与楚和好，一会儿与楚交恶，一切显得随心所欲。

本来在楚怀王二十八年和二十九年，楚国就连续遭受了好几次重创：大将庄蹻在楚国西南方向的属地滇中独立称王，宣布脱离楚国，楚国的军事实力由此大减；秦国军队进攻楚国，楚国大将昭睢（suī）率十万楚国将士抵抗，垂沙之战，楚军大败，兵力再次折损。面对越发凶猛的秦国军队，楚怀王硬着头皮再次向齐国求援。在没有得到明确支援的情况下，只得又出了下策，"乃使太子为质于齐以求援"，又送出一名王子作为人质，来求得齐国的援兵。就这样，太子横到齐国成为人质……

可称重大变化的还有，在越来越严峻的局势下，也是楚怀王无可奈何的情况下，屈原的地位又一次被重新确认。虽然职务仍然只是三闾大夫，但"博闻强志，明于治乱，娴于辞令"的才能得到了楚怀王的再次肯定，"入则与王图议国事，出则接遇宾客，应对诸侯"的作用得到了一定程度的发挥。

宫中小人们自然恨得咬牙，但一时也没有办法。

楚怀王三十年，秦国以归还新城（今河南省伊川县西）为诱饵，提议与楚国重新和好，重新结为王室婚姻关系。同

时，秦国还提出与楚怀王在秦国的武关会面和结盟的要求。

没有主张的楚怀王又忙碌开了，准备听从秦国的建议，前往秦国的武关。然而，对眼前局势和秦国动机了如指掌的屈原，已经识破了其中的奸计。屈原当即劝阻楚怀王，竭力请求他不要前往。他大声地说："秦国是一个凶残的国家，不可信任，大王您不如不去！"

屈原的劝阻得到了不少忠臣的支持，如一直主张抗秦的大将昭雎也竭力劝说楚怀王放弃武关之约。大将昭雎劝阻楚怀王说："大王您千万别去！我们应该派出军队守住自己的关口。秦国是一个凶残的国家，还是一个不可信任的国家，因为他们还有吞并所有诸侯国的野心！"然而，此时的楚怀王内心是十分矛盾的，毕竟，楚国吃秦国的苦已经够多了。

事实上，楚怀王在接到秦国使节送来的秦惠王邀他在武关会面的信函时，心中就很是担心。如果去了，恐怕要被秦国欺侮，不去的话，又恐怕秦国不高兴。听了屈原和昭雎的劝说，楚怀王停止了出发前的准备，冥思苦想着，内心十分犹豫。

没料想，就在这个关键时刻，子兰却跳出来，反而劝楚怀王前往武关赴约，与秦昭王会面。子兰冲着楚怀王，大叫道："大王，您怎么可以拒绝秦国的美意呢？"

犹豫中的楚怀王刚想放弃武关之约，被子兰这一叫，又变得没有主意了。

"奈何绝秦欢"，这便是子兰最充足的理由。他的言下之意是，秦国的欢心万万不可断绝，而为了能够获得秦国的欢心，即使把楚怀王献出去，也是应该的，否则，后果不堪

设想。

对于这种过于讨好秦国的行为，这一实在拙劣的对策，屈原自然不敢苟同。他忍不住反问子兰："不要激怒秦国，这没错，可怎么能让一国之主冒这个天大的险呢？这不是往虎狼的嘴里送上一只羔羊吗？"

子兰马上反驳，屈原也不甘示弱。围绕着是否让楚怀王赴武关之约，屈原与子兰之间的矛盾急剧加深。就在屈原一边与子兰争论、一边劝阻楚怀王之时，楚怀王却已决定动身前往武关。面对强大的秦国，面对秦国貌似友好的邀请，楚怀王实在不敢拒绝。

听了楚怀王的决定，子兰兴奋而得意。

夜色中，王宫大门口。满心沉重和忧虑的屈原目睹楚怀王及其随从乘着马车，驶出宫中，消失在一片苍茫之中。已经54岁的屈原不由得老泪纵横。他觉得自己未能尽到忠君护君的应有之责，他觉得自己总是那么势单力薄。

临行那天，令尹昭睢和屈原又进行劝谏。屈原说："大王，为了楚国的前途和命运，您千万不能赴约，此行若有

差错，将危及社稷安危。"怀王虽又有些犹豫，经不住子兰等在旁边再三催促，终于还是挥挥手，让扈（hù）从们起驾，朝着武关而去了。

尽管屈原早已预感到楚怀王此次前往武关凶多吉少，可他仍然想不到来到秦国的楚怀王竟会遭受如此屈辱和磨难，直至命丧异乡！

秦昭王根本没有与楚怀王会见的诚心。一进武关，秦昭王就命令伏兵封住关门，胁迫怀王到秦都咸阳，要楚怀王割让黔中郡。楚怀王无可奈何，要求先订立盟约然后割地，但秦昭王坚持先割地而后订盟。怀王这时才彻底明白自己又上了秦国的当，他十分气愤，说："秦国愿与楚国盟约友好，我楚国诚心诚意希望两国永不交兵，故此不远千里而来，没想到秦王又耍花招欺骗我们，这哪里是要结盟，分明是坑害楚国，我悔不听屈大夫之言，以致又上了你们的当。你们欺骗我又强迫我割地，我死也不答应。"

楚怀王还没有喊完，就被秦王宫里的官员拖走了。

由于坚决不肯答应秦昭王的无理要求，楚怀王竟被秦国强行扣留。想以此造成楚国内乱，再寻找机会攻打楚国。

楚怀王被秦国扣留的消息传到楚国，宫廷里官臣们一片慌乱。

重臣们聚在一起商量对策。有人提出，一国之主被秦国扣留，一时无法归来，说不定割了土地都不能解围，这行吗？国家可不能没有国君呀，应该马上想办法。可是现在，楚怀王扣在秦国，楚怀王的长子子横又作为人质留在了齐国，所以当前最重要的事情，是马上把还在楚国国内的王子

子兰，立为国君，来对抗强大的秦国！这个提议很快在宫中形成了一定的势力。毕竟，楚怀王久久不归，宫中乱成一团，国内的局势也已开始动荡。

但是，以屈原、昭睢为代表的这一派坚决反对这样的提议。昭睢说："如今，大王和太子横都被迫困在诸侯国中，而我们现在又违背大王的心愿，把他的小儿子立为国王，那不是在大王的伤口上撒盐吗？这绝对是不合适的。"

屈原也反对立子兰为国王的意见。屈原说："你们得知道，大王不过是被扣留了，他还活着。连敌国都还没有废黜我们的一国之主，我们怎么可以把他给废了呢？子兰并非长子，要立新国王，也应该立太子！"

在反对立子兰为王的过程中，屈原的态度是最坚决的。在屈原等人的阻止下，立子兰为王的提议不得不搁浅了。

子兰当然十分清楚屈原的态度，这个自私浅薄的王子，由此更对屈原怀有一腔仇恨。

后来昭睢亲自到了齐国，和齐国进行了谈判，终于将太子熊横迎回楚国，立为楚王，是为顷襄王。

顷襄王是个花花公子，没有政治头脑，也没有治理国家的才能，比他的父亲怀王还要平庸无能。他上台后更是贤愚不分、忠奸不辨。听信子兰、上官大夫等人的谗言，免了非常具有治国才能的令尹昭睢，而让他的弟弟、卑鄙无耻的小人子兰继任。兄弟两个：一个昏君、一个佞臣，把持朝政，楚国政治更加黑暗。

正直的屈原更无出头之日了。

楚怀王听信小人谗言，在改革朝政与亲齐抗秦的政策

上反复变化，再加上小人的嫉贤妒能，已使楚国日益走向衰落，而如今怀王又被秦国骗去软禁在咸阳，顷襄王和令尹子兰不仅平庸无能，而且专横跋扈。屈原感叹原本强盛的楚国如今几乎到了山穷水尽的地步，他悲愤不已。

顷襄王二年，被软禁在秦国的怀王从秦国逃了出来，可是很快被秦国发觉，立即派兵封锁了回楚的必经之路。怀王从小道跑到赵国，求其收纳，但赵国害怕秦国兴兵问罪，不敢答应。怀王想再转到魏国，但不幸的是秦国的追兵赶到了。怀王又被逮捕，带回秦国，不久便忧惧成疾。

楚怀王被扣留在秦国的那段时间里，屈原每天每夜都在盼望他的归来。他想，如果能让自己代替楚怀王滞留异乡，自己一万个心甘情愿！当初屈原竭力反对立子兰为国王，理由是子兰并不是楚怀王的长子。其实，在屈原的内心深处，他同样反对立太子横为国君。"你们得知道，大王不过是被扣留了，他还活着，连敌国都还没有废黜我们的一国之主，而我们怎么可以把他给废黜呢？"不善于转弯抹角的屈原一向说真话，但这一番真话引起了子兰、太子横的极度痛恨。在如何对待屈原这一问题上，子兰、太子横的态度惊人地一致。如同他们并不希望楚怀王重新归来，他们更希望越发苍老的屈原从楚国宫廷中完全消失。

楚顷襄王三年（公元前296年），患上重病的楚怀王终于抑郁交加，客死秦国。秦国在诸侯各国的指责声中将怀王灵柩归还给楚国，在楚国引起了极大反响。广大民众对怀王当政时的所作所为不满，但他被骗入秦以后，毕竟拒绝了秦国割地的要挟，表现了楚民族的强烈的爱国精神。他在秦国

忍辱而死，激起了人们对他的同情和哀思，也唤起了他们对楚国命运的担忧，并燃起了人们强烈的复仇火焰。

尽管楚怀王在位时昏庸糊涂，可毕竟是一国之主，毕竟也为楚国做了很多有益的事。在郢都，楚怀王的葬礼隆重举行的那一天，楚国人民像失去自己的亲人那样悲伤欲绝。诸侯各国在伤感之余，也都对秦国表示了莫大的憎恨。是啊，诸侯国之间互相争战已是常事，可极无人道地把一国之主长期扣留，直到死去，这可是从未有过的事！

在得知楚怀王病死秦国，亲眼看见遗体送还，直至亲自参加隆重葬礼的全过程中，屈原的悲伤难以用语言来表达。在与楚怀王相处的30年里，虽然楚怀王常常听信于谗言，听任郑袖、靳尚、子兰等人对屈原进行人身迫害，但在屈原看来，这都只是出自楚怀王的昏庸糊涂，而并非出于私心。每当头脑清醒的时候，他总会恢复屈原的职位，重新召回屈原。即使重新召回和起用屈原的目的，最终也是为了保住楚国稳定，维护他的统治，但若换了别人，就不会一次次地首先想到屈原。对于这一点，屈原心里十分清楚。是啊，自从在"兰台"侍读当时的太子熊槐，直至帮助日后的楚怀王，两个人之间的关系，除了君臣这一层之外，还有着一丝若隐若现的兄弟情谊。可以说，在屈原的生活中，楚怀王一直是他最大的靠山。

人们在哀伤、痛悼怀王之死的同时，自然怨恨硬劝怀王入秦盟约的子兰等人，纷纷指责子兰用心不良，误国害民，同时对极力拦阻怀王入秦的屈原、昭睢等倍加称赞，纷纷称赞他们忠肝义胆、有政治远见，为他们被疏、被黜鸣不平，

也期待着新上任的顷襄王明察是非，重用屈原，励精图志，振兴楚国。顷襄王虽迫于公愤，也由于父仇，断绝了与秦国的关系，但他并没有发愤图强，报仇雪耻；而更加忠奸不分、是非不明，根本不打算任用忠诚正直的屈原。子兰遭到国人反对，而屈原却深受民众爱戴，这本身就使子兰十分嫉恨。屈原又当众指责他的所作所为，他甚至怀疑广大民众怨恨、指责他是屈原鼓动的结果，因此非常讨厌屈原。他唆使上官大夫在顷襄王面前竭力诋毁屈原。顷襄王听信谗言，免去屈原三闾大夫的职位，将他驱逐出郢都，流放到江南湘西一带寂寥的荒野。

第二次流放

又是暴雨之夜，天亮了，暴雨却毫无减弱的趋势，"天亮前必须离开郢都"，这是对屈原的最后通牒，最后的时刻到了，圣命难违，他必须出门远行了。

当仆夫拉开街门的一刹那，屈原被眼前的情景惊呆了——暴风雨中伫立着数千人，有男女老少，有缙绅（jìn shēn）大夫，有布衣平民，有箪食壶浆的，有秉烛焚香的，有的痛哭流涕，有的呼天号地，更有的一步一跪首，有的膝行而

◎缙：赤色的帛。
缙绅：称有官职的或做过官的人。

前。见大门洞开，面容憔悴的屈原跨出门槛，扑通一声，数千人一齐跪倒在泥水里，并且千人一口，万人一词，悲壮地

唱道：

> 悲兮，悲兮！……
>
> 老天悲兮响惊雷，
>
> 大雨滂沱云低垂。
>
> 大江悲兮浪涛飞，
>
> 前浪奔腾后浪追。
>
> 鬼神悲兮阴风吹，
>
> 摧枯拉朽荡污秽。
>
> 苍生悲兮处处泪，
>
> 肝肠寸断魂魄飞。

屈原见状，感动得热泪纵横，急忙抱拳施礼说道："列位父老乡亲快快请起，如此深情厚意，我屈原真是担当不起！"

尽管如此，送行者依然长跪不起，屈原无奈，也向众人跪倒，垂泪不止。少顷，有一老者奔向前来，先劝众人起身，然后躬身双手将屈原搀扶起来。

广场上一片呜咽，一片抽泣，这悲怆的哀痛之声盖过了暴风骤雨，盖过了万钧雷霆……

一位箪食壶浆的瞎婆子来至老者面前，将酒壶和酒杯递给他。老者斟了满满一大杯米酒，双手捧着献给屈原，情深意切地说道："三闾大夫呀，百姓敬您水酒一杯！"

屈原接过酒杯，举过头顶，泪似泉涌，一字一句吟道：

> 千般情万般意兮尽在此杯，
>
> 恰似那琼浆玉液兮润心扉。

吟罢，面向众人，感情真挚地说道："列位父老乡亲，我等华夏民族，炎黄后裔，一脉相承，勤劳繁栖，纵然是江

山易主，朝代更替，依然是百折不挠，自强不息，全靠那高山河海、苍天大地的无私养育，屈原愿以此酒来祭。"

众人异口同声地说道："愿与三闾大夫同祭！"

屈原双手擎杯，虔诚而恭敬地泼酒于地，说道："这第一杯酒祭苍天！"接着吟道：

天若有灵兮明是非，

千钧霹雳兮惩奸贼！

众人跟着一齐高声吟诵：

天若有灵兮明是非，

千钧霹雳兮惩奸贼！

老者又递上一杯酒，屈原照样泼酒于地，说道："第二杯酒祭大地！"接着吟道：

地若有情兮育百姓，

年年丰熟兮稻粮肥！

众人跟着一齐高声吟诵：

地若有情兮育百姓，

年年丰熟兮稻粮肥！

屈原第三次泼酒在地，说道："这第三杯酒祭高山！"接着吟道：

山若有知兮草木盛，

虎踞龙盘兮显神威！

众人齐声高吟：

山若有知兮草木盛，

虎踞龙盘兮显神威！

屈原最后一次洒酒祭奠，说道："这第四杯酒祭大

海！”又吟道：

> 海若有意兮常呼啸，
>
> 当鉴民心兮不可摧！

众人齐声高吟：

> 海若有意兮常呼啸，
>
> 当鉴民心兮不可摧！

吟罢，屈原向众人深施一礼，说："列位父老乡亲，请接受屈原临行一拜！"

拜过之后，热泪模糊了屈原的视线，他正欲登车起程，瞎婆子抛掉手中的竹篮与酒壶，疯疯癫癫地扑了过来，声嘶力竭地质问道："忠臣贤良为何无好报？奸臣贼子为何福齐天？世事为何不公平？我捶胸顿足，问罢大地问苍天……"

瞎婆子的话言犹未尽，天低云暗，其黑如漆，人们相对而立，难辨眉高眼低。雪亮耀眼的闪电蜿蜒即逝，惊雷在人群中炸响，大雨如注，顿时沟满壕平，街道水深没膝。人们或低声抽泣，或大放悲声，用滔滔泪水送屈原上路，远行……

马车出了郢都的东门，两匹马懂事似的放慢了脚步，最后竟渐渐停了下来。伤心至极的屈原热泪纵横，湿透了衣衫。此时雨虽说比先前小了许多，但仍淅淅沥沥地下个不停，如幕似帘，漫天乌云笼罩着悲泣的郢都，原野里传来了断断续续哀怨的歌声，侧耳细听，正是自己修改过的《国殇》——

……

天时怼兮威灵怒，（只杀得天昏地暗，神灵震怒，）

严杀尽兮弃原野。（全军将士捐躯沙场。）

出不入兮往不返，（有出无入，有去无还，）

平原忽兮路超远。（路途遥远战场迷茫。）

带长剑兮挟秦弓，（佩长剑挟强弓英勇奋战，）

首身离兮心不惩。（身首异处斗志更旺。）

诚既勇兮又以武，（勇敢顽强而又英武，）

终刚强兮不可凌。（坚毅不可凌辱意志如钢。）

身既死兮神以灵，（人虽死啊精神永存，）

魂魄毅兮为鬼雄。（魂魄威武要做鬼中之豪强。）

第四章

心系楚国

◆ 念怀王，作"招魂"

◆ 流浪湘江

◆ 心系故土

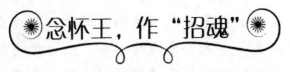

念怀王，作"招魂"

疲弱的马拖着业已陈旧的车子缓缓地向南，向南，随着离开郢都的路程不断遥远，屈原的愁思愈来愈深，在颠簸的车子里，他有时放声吟诗，有时低头落泪。

一天，马车来到一个高岗上，前边不远就是大江，屈原下了车，缓步来到一棵松树下的青石上，向后边那走过的道路望去，那崎岖的山路，那稀落的茅屋，那挂着伤心泪水的流浪者……自己离开左徒的位子这才几天，荆楚大地便这般满目疮痍。雾啊，你为什么这般浓，这样重？郢都啊，您在何方，您在哪里？阵阵东风吹来了团团乌云，凄凄松涛夹杂着长长的叹息。

起风了，电闪了，雷鸣了，狂风抓着雨鞭狠命地抽打着这一行无家可归的可怜人。仆夫催促着赶快上路，等他们赶下高岗，全都被浇成了落汤鸡，无不颤若筛糠。夜幕慢慢地落了下来，旷野一片漆黑，他们只好寻到了一家茅草房住下来。主人听说来者是三闾大夫屈原，热情得像一团火，亲近得似一盆胶，急忙给他烫了一壶酒暖暖身子。

屈原换了件衣服，喝了点酒，还是觉得浑身冷。夜深了，跋涉了一天，疲惫不堪的人们相继入睡，斗室里只有屈原一人面对孤灯闷坐。夜雨绵绵，一阵大一阵小，感情的潮水在屈原的心中汹涌起伏。不知为什么，这一夜他的脑海里总是翻腾着自己与怀王相处的那一场

场，一幕幕。倘说在此之前，屈原对怀王确也有过一些怨艾与不满，主要是恨铁不成钢，那么，今夜出现在他面前的，却是一个完美无缺的形象，他只记得怀王的知遇之恩和二人配合默契的成就。怀王辱死于秦，他的尸骨是归葬于郢了，但他的灵魂依然留在荒蛮的西北，这不行，他要写一首诗，将其招回来，招至楚宫，这才是他立命之地，安身之所。

冷过之后，屈原又觉得躁热，身子软绵绵的，且周身酸疼，仿佛正有人在抽他的筋骨，但他挣扎着拿起笔来，千万句话，千万般感情一齐涌于笔端，澎湃激情顺着笔尖流淌，写下了《招魂》一诗。

此篇由引言、正文和结尾的"乱曰"三个部分组成。引言部分首叙自身清正廉洁，次叙招怀王之魂的原因，最后写上帝命巫阳招魂。正文的招魂词是全文的主体，分"外陈四方之恶，内崇楚国之美"两层。先概括叙述魂魄不能离开躯体去那些不祥之地，然后分别描写东、南、西、北、天堂、地府的种种险恶，使怀王的魂魄不敢行至他乡。如它描写东方：

> 魂兮归来！东方不可以托些。
>
> 长人千仞，惟魂是索些。
>
> 十日代出，流金铄石些。
>
> 彼皆习之，魂往必释些。
>
> 归来归来！不可以托些。

灵魂啊！你快归来吧！千万不要到东方去栖身，因为那里有八百丈高的巨人，专门抓取人的灵魂。那里还有十个太阳轮流出现，天气热得能使金属熔化、岩石成灰。对

这种酷热巨人们已经习惯，你要是去那儿，你的灵魂肯定被烧化。归来吧，归来吧！千万不要到那里！

诗人对西方的描写最为详细。将西方作为险恶之地的重点来叙述，很可能是暗示怀王之魂不要留在囚死之地秦国：

> 魂兮归来！
>
> 西方之害，流沙千里些。
>
> 旋入雷渊，麋（biāo）散而不可止些。
>
> 幸而得脱，其外旷宇些。
>
> 赤蚁若象，玄蜂若　些。
>
> 五谷（gǔ）不生，藂（cóng）菅是食些。
>
> 其土烂人，求水无所得些。
>
> 彷徉无所倚，广大无所极些。
>
> 归来归来！恐自遗贼些。

灵魂啊！你快归来吧！西方可怕又怪异，那里有千里流沙，如你被卷进雷渊（神话中的江河名），就会被撕得粉碎而不可收拾。即使你侥幸脱险，可雷渊之外仍是可怕的荒野。红色蚂蚁大如象，黑胡蜂能跟葫芦比。那里的土地不生五谷，只有丛丛茅草可以充饥。沙土使人体糜烂，要找水喝也很不容易。你只得在西方游荡、无处投靠，那里又广阔辽远、没有边际。归来吧，归来吧！不然你会给自己带来灾祸。

东方、西方是这样，南方、北方也无不如此，都存在着极大的危险，甚至连天上也去不得，说虎豹把守着九重天门，有九个巨人像豺狼一样竖着眼睛，奔走往来，它把人倒悬起来以取乐，然后把人扔进深渊。人们幻想的天堂是如此

可怕，地狱（幽都）就更不用提了，总而言之，"天地四方，多贼奸佞"。唯一美好而可以安身的地方就是楚国了。

接下去诗人以大量篇幅不厌其烦地铺陈楚国宫廷建筑之美、姬妾之众、游览之乐、酒馔之盛、歌舞之娱、博弈之欢，用幻想的手法描写楚国宫廷生活的乐趣，呼唤怀王亡灵返归故乡。诗人在幻想中把楚国描绘得如此美好，除以夸大的手法吸引楚怀王灵魂返回故国的创作意图以外，还曲折地表达了对楚国的无限热爱和对祖国乡土的无限眷恋之情。这种感情与屈原一贯的爱国主义思想是相一致的。而全诗结尾的"乱辞"，也同样呼应着这份浓浓的思乡之情：

乱曰：献岁发春兮，汩吾南征。

蒌蘋（lù pín）齐华兮，白芷生。

路贯庐江兮，左长薄。

倚沼畦瀛兮，遥望博。

青骊结驷（sì）兮，齐千乘，悬火延起兮，玄颜烝。

步及骤处兮，诱骋先，抑骛若通兮，引车右还。

与王趋梦兮，课後先。

君王亲发兮，惮（dàn）青兕（sì）。

朱明承夜兮，时不可淹。

皋兰被径兮，斯路渐。

湛湛江水兮，上有枫。

目极千里兮，伤心悲。

魂兮归来，哀江南。

这几句诗描写了诗人在"献岁发春"的季节浪迹南征，经过绿萍齐叶、白芷茂盛的云梦沼泽地区时，纵目远望，回忆起当年跟随怀王在这里狩猎的情景，如今却一片荒芜，不禁感慨万分。只盼望着"魂兮归来，哀江南"。抒发了屈原对祖国命运的无限愁思。

流浪湘江

　　屈原流亡南楚洞庭期间，除了在被"羁身"的情况下孤独隐居，便是游走于山水之间，访贫问苦，苦吟诗句。这一带自远古以来，一直十分荒芜，林木幽深，沼泽遍野，时而霰雪漫天，时而阴云低垂。能听见猿声嘶叫，能看见蛇兽出没，却往往很长时间见不到人。屈原到这里后，心情自然是苦闷至极，但他仍然坚持自己的政治理想，绝不向世俗低头。很多时间，他让自己的灵魂与古代哲人对话，默默地向世人表白：路漫漫其修远，上下求索之不可悔。而要改变这污浊的社会现实，首先就必须承受常人所不能承受的苦难。

　　曾经地位显赫的三闾大夫现如今已经是一个白发苍苍的老人了。屈原乘船进入辽阔飘渺的洞庭湖，在洞庭湖的小岛君山（鄂渚）停下了，在晚秋的劲风中，登上山顶，回头遥望楚国，感叹忧伤不已：令人伤心的是没有人理解我，我只有郁郁南行。在君山住了一段时间之后，第二年离开洞庭湖，进入湘江到达湘江沿岸的长沙。

　　长沙是楚先祖熊绎的始封之地，屈原在长沙遍览山川形势，考察先祖遗迹，更增加了对祖国江山的无限热爱之情。而此时在郢都，顷襄王接到秦昭王的一封信，说如果楚国仍

与秦国对抗，秦将率诸侯联军共同讨伐楚国。顷襄王吓得不知如何是好，不服从的话，秦国将会大军压境，而楚国现在已没有什么抵抗力量，此时在楚国朝廷内部，亲秦派已经成为当权派，他们建议顷襄王与秦和好，顷襄王既无胆识，又无才能，父亲怀王囚死于秦的国耻家仇也顾不上了，赶忙派人送信给秦昭王，表示愿意与秦国讲和。并效法他父亲的故技，从秦国娶妇，做了秦昭王的女婿。

屈原听见了这些丧失国格举动的消息，气愤不已。悲伤楚国祖辈的爱国忧民的民族自尊心在顷襄王手里已丧失殆尽了。

这一年他作了《怀沙》，即怀念长沙之意。诗的大意为：

阳光强烈的初夏呀，草木茂盛地生长。悲伤总是充满胸膛啊，我急匆匆来到南方。眼前是一片茫茫啊，沉寂得毫无声响。我的心情沉郁悲慨啊，这令人伤心的日子又实在太长。抚心反省而无过错啊，蒙冤自抑而无惧。

想把方木削成圆木啊，但正常法度不可改易。抛开正路而走斜径啊，那将为君子所鄙弃。明确规范，牢记法度啊，往日的初衷绝不反悔。品性忠厚，心地端正，为君子所赞美。巧匠不挥动斧头砍削啊，谁能看出是否合乎标准。黑色的花纹放在幽暗之处啊，盲人会说花纹不鲜明；离娄稍微一瞥就看得非常清楚啊，盲人反说他是失明无光。事情竟是如此的黑白混淆啊，上下颠倒。凤凰被关进笼子里啊，鸡和野雉却在那里飞跳。美玉和粗石被掺杂在一起啊，竟有人认为二者也差不了多少。那些帮派小人卑鄙嫉妒啊，全然不了解我的高尚情操。

任重道远负载太多啊，沉陷阻滞不能向前。身怀美玉品德高啊，处境困窘向谁献？城中群狗胡乱叫啊，以为少见为怪就叫唤。诽谤英俊疑豪杰啊，这本来就是小人的丑态。外表粗疏内心朴实啊，众人不知我的异彩。未雕饰的材料被丢弃啊，没人知道我所具有的知识和品德。我注重仁与义的修养啊，并把恭谨忠厚来加强。虞舜已不可再遇啊，又有谁知道我从容坚持自己的志向。古代的圣贤也难得同世而生啊，又有谁能了解其中缘由？商汤夏禹距今是何其久远啊，渺茫无际难以追攀。强压住悲愤不平啊，抑制内心而使自己更加坚强。遭受忧患而不改变初衷啊，只希望我的志向成为后人效仿的榜样。我又顺路北行啊，迎着昏暗将尽的阳光。含忧郁而强作欢颜啊，死亡就在前面不远的地方。

　　浩荡的沅江、湘江水啊，不停地流淌翻涌着波浪。道路漫长而又昏暗啊，前程又是何等的恍惚渺茫。我怀着长久的悲伤歌吟不止啊，慨然叹息终此世。世上没人了解我啊，谁能听我诉衷肠？情操高尚品质美啊，芬芳洁白世无双。伯乐早已死去啊，千里马谁能识别它是骏良？人生一世秉承命运啊，各有各的不同安排。内心坚定心胸广啊，别的还有什么值得畏惧！重重忧伤长感慨啊，永世长叹无尽哀。世道混浊知音少啊，人心叵测内难猜。人生在世终须死啊，对自己的生命就不要太珍爱。明白告知世君子啊，我将永为人楷模。

　　一天，屈原行走在沧浪水边，沉思吟诗。这时，一条小船慢慢靠近岸边，船上一位打渔的老人认出了屈原，说："这不是三闾大夫吗？看您身体枯瘦，面容憔悴，几乎认不出您了。您怎么会到这荒天野地来？"

　　屈原抬头望见慈善、和蔼的老渔夫，如实回答："许多人都是肮脏的，只有我是个干净人；将多人都喝醉了，只有我还醒着。所以我被赶到这儿来了。"

　　渔夫不以为然地说："既然您觉得别人都是肮脏的，就不该自命清高；既然别人喝醉了，那么您何必独自清醒呢！"

屈原反对说："我听人说过，刚洗头的人总要把帽子弹弹，刚洗澡的人总是喜欢掸掸衣上的灰尘。我宁愿跳进江心，埋在鱼肚子里去，也不能拿自己干净的身子跳到污泥里，去染得一身脏。"

屈原按住胸口，剧烈地喘息。

连日来的颠沛流离，让他心力交瘁，身体已十分虚弱。渔夫在屈原身边坐下来，静静地陪伴着他。渔夫明白，再也不能让屈原激动了，此刻的三闾大夫最需要的是一种绝对的宁静，一份身心的抚慰。虽然身居乡野，每日打渔为生，但在国家危难之时，渔夫自然也关心着楚国宫廷的事，早就听说屈原是个满腹才华、胸怀大志、值得尊敬的正直之人。他明白，自己在不经意间遇上了落难中的旷世巨子，眼下唯一该做的，便是真诚地安慰和全身心地照料。

就这样，这个黄昏，渔夫一直陪伴着屈原。身后的小道上，逃难的人群依然不绝，聒噪的乌鸦不停地盘旋，从远处飘来了越来越浓的烟尘，显然，楚国的军队还在无奈地败

退。渔夫关切地注视着屈原越发凝重的表情。

屈原知道，这位老渔夫其实并不是真正的打渔人，而是一位远身避祸的隐者。他完全可以像这位隐者一样隐姓埋名、居住在深山之中修养身心，忘掉那些烦恼的国事，颐养天年。但是植根于屈原心中的忧民情感使他一刻也忘不掉正处于危亡时期的故国，一刻也忘不了处于危难之中的楚国人民。他不能丢下楚国去隐居、不能效法隐者荡舟湖泊自得其乐。他的心里仍关注着心爱的祖国。

屈原不久乘船到辰阳，接着又到了溆浦，进入荒僻的溆浦之后，屈原心神迷乱，不知道要到哪里去，幽暗、深远的森林里，到处有野兽出没，陡峻的山岭蔽天遮日，山中幽暗潮湿，霏霏细雨忽而变为无边无际的小雪粒，浓密的乌云仿佛紧贴着草篷的层檐，直压得人喘不过气来，屈原忧愁哀苦，一个人孤独地居住在一片深山野林中，但即使如此，他也绝不改变初衷，"吾不能变心而从俗兮，固将愁苦而终穷——我不能改变我的志向而顺从时俗，本来就准备愁苦一生、穷困到死。古代的贤人不都是遭受刑罚的吗？楚狂接舆先是披发佯狂，后来索性剃掉头发，表示对世俗的反抗。古代隐士桑扈裸体而行，表示对世俗的蔑视。吴国忠臣伍子胥进谏，吴王夫差不听，被逼自杀。殷代贤臣比干被纣王杀害，剁成肉酱。前世的贤人都是如此，我又何必怨恨现在的人。我毫不犹豫地严守正道，本来就会一生穷困。"

在溆浦居住了一段时间之后，屈原从溆浦往回走，乘船又到了枉渚，在枉渚居住了3年，这时大概是公元前290年（顷襄王九年），屈原完成了《涉江》的创作。楚国因慑于

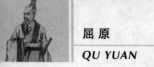

秦国的强大威力，不得不频繁地与秦国盟约，以图苟延时日。而东方六国在秦国文武兼施手段的打击下，已无力结成巩固的合纵联盟，不但对西部的强秦构不成威胁，反而六国之间互相争斗，彼此削弱势力。公元前287年（顷襄王十二年），苏秦与赵国奉阳君李兑发动赵、楚、魏、韩、齐五国军队攻打秦国，燕国也派兵随着齐国军队参加，然而秦昭王在联军出发之前，已派遣使者到赵国和魏国，答应还给他们一部分地盘，以此阻止其攻打秦国，而楚国因连年大败，已是非常衰弱。至此，六国联盟瓦解了。

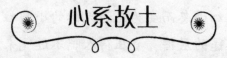

心系故土

屈原从枉渚乘船自西向东穿过洞庭湖，进入洞庭东汊——汨罗江，居住在江北岸的南阳里。这时楚国与秦国盟约于宛，图谋攻打齐国。公元前285年，秦将蒙武越过韩国、魏国国境攻打齐国，侵占九个城市，设置了九个县。燕将乐毅游说赵国、楚国、魏国联合攻打齐国，第二年，韩、秦也加入联军，形成六国攻打齐国的局面。结果齐国大败，燕将乐毅率兵攻打临淄，全部掠走齐国宝物器皿，齐闵王逃亡到莒城，使唯一能与秦国抗衡的大国几乎灭亡。虽然公元前283年齐襄王在莒城即位，以示齐国未亡，但已大伤元气，直到被秦所灭也没恢复到以前最强盛的程度。

这种局面正是不采用屈原的联齐抗秦策略所导致的恶果，然而楚国君臣都意识不到强大的齐国削弱之后，楚国

将会存在多久？其实即便是意识到，也为时已晚，东方六国面临的前途已比较明显了：被秦国各个击破。

屈原在南阳里居住了几年之后，移居到不远处的玉笥（sì）山下，玉笥山下有一条名叫玉水的小溪，小溪向南流入汨罗江，溪上有座小木桥，屈原天天到桥上浣缨濯足，依然保持着他好洁的习惯。

公元前279年，秦将白起率军攻破楚国的鄢、邓。

白起开渠引水灌鄢，淹死百姓几十万人，消息传来，屈原悲愤不已，他想到殷末贤人申徒狄因为多次进谏纣王而不被采纳，投水自尽，终究没有挽救殷朝灭亡，联想到自己此时投江是否对解决楚国的危机有益。

他反复考虑，在楚国这最后的危机关头，他该如何做，也许回到郢都去，能为挽救楚国尽些努力。大概就是这一年的冬天，屈原回到郢都，但遭到统治集团的排斥，顷襄王也拒绝接见他。屈原忧心如焚，秦国已大军压境，楚之郢都面临失陷的危险，而顷襄王还自以为国土辽阔，人口众多，仍不失为强国，因而不恤国政，一味贪乐享受。而朝廷中的大臣互相嫉妒，只图夺功封赏，以谗谄阿谀为本事，贤良之臣被排挤出朝廷。普通百姓对朝廷的黑暗统治怨声载道，离心离德。而且朝廷又不修战备，城墙塌坏，城池干涸，处于极其混乱的境地。可是屈原没法挽救，自己现在毕竟是被放逐的犯人啊！

公元前278年（顷襄王二十一年），白起率兵攻破郢都，烧毁了楚先王的陵墓。楚军一战即溃，顷襄王退守陈城（今河南淮阳）。

秦将郢都改为南郡。屈原在这一年的仲春，随着逃难的百姓离开郢都，顺长江向东行进。离开故都心中悲痛，回首望见郢都高大的楸树而仰天叹息，眼泪流淌得像雨珠一样，过了夏首再想看郢都东门已是不可能了，怀着悲伤的心情顺着风浪、随着流水东飘西荡，成了一个流浪者。

进入洞庭湖后又回到长江，顺流而下到夏浦，感叹故都日益遥远，从夏浦又返回洞庭。长江以北、夏水以西的地方是无法去了，它已属于秦国所有了。他从遭放逐、被迫离开郢都到如今已有很多年了，但他还不能回去，而且永远回不去了。他还能到哪里去呢？经过仔细考虑之后，他又回到了玉笥山下的住所。在这里屈原度过了他最后的一段日子，这时他已是62岁的老人了。

屈原在他的绝笔诗《惜往日》中以痛惜的心情回顾了自己的一生。他念念不忘受怀王重用时改革朝政、修明法度的美好时光。全诗分为三个层次。首先，对怀王、顷襄王的昏庸无能，不辨是非，以忠为邪，以谗为信，使他长期遭受流放之苦，政治理想无法实现等发出了强烈的痛恨之音：

  惜往日之曾信兮，受命诏以昭时。

  奉先功以照下兮，明法度之嫌疑。

  国富强而法立兮，属贞臣而日。

  秘密事之载心兮，虽过失犹弗治。

  ……

  信谗谀之浑浊兮，盛气志而过之。

  何贞臣之无罪兮，被离谤而见尤。

意为：想当年曾得到怀王宠信，接受诏命起草昭明时

政的宪令。奉行先贤的典章制度而昭示下民，阐明法度中疑惑难解之处。国家富强、法令健全，怀王任用忠良大臣而事事顺心、优游自得。国家的大事都由我来掌握，即使有点过错，怀王也不予治罪……听信谗言谀词这些污浊东西，一下子冲动起来将人责难。为何忠贞无罪的臣子，遭受诽谤而受到斥贬？其次，面对国家的危在旦夕，诗人在极度绝望的情况下，决心以死殉国，可是想到楚王，却又发出巨大的无奈之叹：

> 卒没身而绝名兮，惜壅君之不昭。
>
> 君无度而弗察兮，使芳草为薮（sǒu）幽。
>
> 焉舒情而抽信兮，恬死亡而不聊。
>
> ……

意为：我宁愿最终身死名灭，遗憾的是被小人蒙蔽的君王仍不醒悟，他心地不明，没有准则难察下情，是芳草被遗弃在幽深的谷中。到底该怎样表示忠诚和诚信才好啊！

最后，诗人依旧无法抑制内心的愤怒，不忍心面对国家的灭亡，再次发出强烈的呼喊：

> ……
>
> 宁溘死而流亡兮，恐祸殃之有再。
>
> 不毕辞而赴渊兮，惜壅君之不识。

意为：我宁愿忽然死去，随着河流而去，只怕活着的时候国家再受祸灾。我无法抑制内心的愤慨而把话说完，我决心投水自尽，可昏愦的君王却还不理解我的心啊！

饮恨汨罗江

庄蹻暴郢

作为曾在楚威王时就已战功显赫的大将，庄蹻（qiāo）在楚国尤其是在民众心目中的地位很高。他曾率领大军攻占商於之地，后又进入滇地（今云南一带）征服夜郎诸国。不料，在他率领着精锐之师转战于滇地之时，秦军趁楚国后方兵力空虚，大举进攻楚国，攻克了蜀、巴等地，断了庄蹻率兵返回郢都的路，部队只能困守夜郎。过了好多年，庄蹻以及他的部下才克服了种种困难，返回郢都。

在春秋战国时期，巴、蜀分别是地处今重庆市、四川省的两个诸侯国：巴与楚时有联合，而蜀与秦则联系紧密，它们各自虽然也会出现矛盾、发生战争，但依然还是分属两个利益集团。公元前316年，秦国伐蜀平巴，其后设置了归属自己的蜀郡，派张若为郡守。自此，秦在军事上领先于楚，处于十分有利的地位。

公元前308年，秦将司马错带领十万大军从巴蜀乘船沿江而下，攻占了楚地黔中。随后，黔中虽被楚夺回，但楚国之战略劣势已无法挽回。

公元前301年，齐、韩、魏三国因痛恨楚怀王反复无常、撕毁反秦盟约的背信弃义之举，合兵伐楚。垂沙（今河南唐河一带）一战，楚军败绩，楚将唐蔑战死。公元前299年，秦国诱骗楚怀王应约赴秦议事，怀王抵达武关，即遭软禁，由此而发现中了奸计。秦国要挟怀王，如果不答应割让楚巫、黔中郡于秦，就不得归楚。在战略地理上，黔中郡对

楚国的安危十分重要，被秦拘留的楚怀王虽然昏庸，也懂得守土有责的道理，他宁死不屈，绝不让地，于是再也没有返回楚国。

公元前280年，秦国再度发兵，一边派司马错从蜀郡率战船万艘、军兵十万，顺江而下，大举伐楚；一边派白起由山西挥师南下，攻打楚国的西北边境……双方不依不舍，拼命争夺。在这场战争中，楚之巫郡、黔中郡被秦军所占。

为了巩固战略后方，楚国将军庄蹻于公元前279年主动请缨，向顷襄王提出，要反攻黔中，以保家卫国。当顷襄王批准了这一方案后，庄蹻马上西征，收复"江旁十五邑"，战功赫赫。

次年，秦将白起攻陷郢都（即今湖北江陵县北），楚国王室东迁；庄蹻因退路被秦军切断，只好率军继续前行，来到蛮荒混沌的云贵高原。向西进发的庄蹻征服了夜郎部落，到达滇池地区。当时，这一带分布着"劳浸"、"靡莫"等数十个部落，其中以"滇"部落最大。楚军抵达这里后，当地各部族纷纷归顺，庄蹻及其部下既然无法归返故国，于是只好留下来，与滇池地区的土著居民一道从事开发和生产，建立了受中原帝王统治较少的自由的滇王国。

庄蹻在滇地最早建起来的城，叫"苴兰城"，这里地处滇东、滇西交通要道，又三面环山，南临滇池，地形险要，适于筑城固守，扼守滇国门户，更兼土地肥沃，农业生产已达一定发展程度，从此，庄蹻就在这里当了滇人的王；苴兰城，也就是后人所说的"庄蹻故城"。

庄蹻毕竟是楚庄王的后裔，在他的身上，永远流着楚人

的血。所以到了公元前280年秦国兵分两路，分别从蜀郡、山西以钳形攻势大举进犯之时，他毅然放弃"暴郢"中所作出抗拒当局、据地自治的决定，进而从大局出发，出兵抗秦，肩负起了收复黔中、保卫楚国后方基地的重任。

十余万东地兵在庄蹻的率领下，对江南、巫郡、黔中郡沿长江一线溯流发起反攻，在当时虽然没有从根本上解决郢都即将失陷的危局；而楚国王室的东迁，又使庄蹻夺楚巴、黔中郡的战略设想化为泡影，但这一壮举，终究是楚国史上军民一心同仇敌忾，抗击强秦不容抹杀的一次重大行动。

可惜，长期受着亲秦派压制的庄蹻无法调动更多的兵力，在大批军队的包围下，他只能带着手下的人马逃出郢都，撤往他曾经作战和生活多年的滇地。此时庄蹻的年龄，已是60出头了。

庄蹻撤出郢都之后，一路打杀，逃往滇地。由于庄蹻主张抗秦，在民众的心目中地位很高，因此一路上，庄蹻的兵力又有了新的补充，等到再次入滇时，军事实力已十分强大，至少楚国军队已无法轻易地消灭他们。不错，虽然庄蹻当年以武力征服了夜郎国，但因后来与夜郎各民族之间建立了较为融洽的关系，重新回来的庄蹻军队受到了夜郎各民族的欢迎。接着，庄蹻在滇地称王，从楚国独立出来。

庄蹻入滇称王之时，顷襄王已经登基，但他没有军事实力攻打庄蹻占据的滇地。两者并存，这一局面维持了很长时间。

秦国曾经向楚国提出，由他们出兵，帮助楚国镇压庄蹻，再把滇地归还给楚国。可当时的楚怀王以及后来的顷

襄王都不敢答应。怎么敢答应呢？"秦，虎狼之国，不可信。"秦国是比虎狼还要残暴的国家，滇地落入他们的手里之后，难道还会白白归还给楚国吗？最傻的国王都明白秦国的真正用意究竟是什么。

"庄蹻暴郢"事件直接对屈原造成了诸多影响。

"庄蹻暴郢"事件之后，为了确保统治，顷襄王以及子兰等人开始着手排除宫中的"危险分子"，凡是与庄蹻关系比较密切的，都要从宫中清除出去。屈原第一次是被流放到郢都以北的汉北，那还是在"庄蹻暴郢"事件发生之前；到了第二次遭受流放时，"暴郢"后的庄蹻已经入滇，屈原的流放地也改为郢都以南的南楚洞庭，离北方的秦国距离更远了。难道宫中小人们生怕屈原谋反，或与别的诸侯国合谋，来对付楚国吗？由此可见，亲秦派对于强秦的所谓"亲近"，其实是一种名副其实的叶公好龙。"庄蹻暴郢"事件极大地震动了屈原。尽管屈原很不赞赏庄蹻所采用的暴力手段，因为这大大削弱了楚国的军事实力，可庄蹻的行动着实打击了亲秦派，这个事实很让屈原感慨。尤其当他亲眼看见楚怀王、顷襄王以及亲秦派面对庄蹻的政变乱作一团的时候，他感到，为了富国强兵，为了"美政"、"仁政"，自己只知道把希望寄托在国王身上，除了苦苦劝说，就是大声疾呼，可劝说和疾呼的结果，要么是石沉大海，要么是饱受讥笑，要么是遭受亲秦派的打击。从庄蹻身上，他十分清楚地看到了自己的不足。因此，在更加佩服庄蹻的同时，屈原也越发认识到自己力量的薄弱。

还有一个不可忽略的原因是，"庄蹻暴郢"事件发生之

后，在很多场合，屈原都不由自主地替庄蹻辩解。屈原说，庄蹻根本不是"匪"，而是一位对楚国有过非凡贡献的将军；屈原说，庄蹻并不是故意与楚国作对，而是被迫的，是遭受长期压制的结果；屈原还说，"庄蹻暴郢"事件削弱了楚国的军事实力，可以说，给楚国带来了灾难，但这责任难道只属于庄蹻一个人吗？究竟是谁逼得庄蹻走投无路，最后发动政变？每次说到这儿，屈原总是显得慷慨激昂，气愤难平。这也是亲秦派非要把屈原赶出宫廷、彻底把屈原排除在政坛之外的重要原因之一。

郢都陷落

屈原流放在南楚洞庭的十年时间里，秦国继续对楚国玩弄着猫捉老鼠的游戏。楚顷襄王十四年（公元前285年），秦昭王约楚顷襄王在宛会见。在这座已被秦国侵占的楚国先祖的兴国之城，楚顷襄王再一次献上宫中美女，与秦国"结亲"。当秦昭王提出两国之间实行"连横"策略时，楚顷襄王又连连点头同意。

刚刚接受了秦国的所谓"连横"策略，齐国就出兵前来攻打楚国，并且夺去了楚国的淮北之地。第二年，在楚国的强烈要求下，秦国不得不派出少量军队，与楚国组成一支联军，由楚国军队打头阵，夺回了淮北之地。

秦国派兵帮助楚国夺回了淮北之地，对此，楚顷襄王十分感激。这个没有多少主张的一国之主，为了感谢秦国，

又连续两次在曾经属于楚国，现在已被秦国夺去的鄢、穰（ráng）别与秦昭王会面。每次会面，楚国免不了送上宝物，少不了阿谀奉承，使秦昭王提前满足了称霸天下的虚荣心。可是，连楚顷襄王的随从们都能从秦昭王的眼里看出那种贪得无厌的野心，那种深入骨髓的虚伪。有限的宝物以及言辞的奉承，根本满足不了他。

是的，这样脆弱的局面是维持不了多久的。

楚顷襄王十八年（公元前281年），有人向顷襄王推荐了一名擅用弓箭射击的楚国平民，苦无良策的顷襄王接见了他。

这名平民以一番弱弓射雁的道理，向顷襄王建议："尽管我手上的这把弓箭不算厉害，但如果找准了对方的弱点，仍然可以把天上的大雁射下来。而现在，秦国打败了韩国，但无法守住夺来的土地；对魏国作战却没有得到多少好处；

攻击赵国反而折损了兵力。由于战线拉得太长，看来秦国的力量已不如以前了。要对秦国下手，现在正是时候……"

平民的话直白得很，想重振楚国的威风，这也没错，但急急忙忙地盲目征战，后果往往不堪设想。楚国的当务之急，是统一内政，联合诸侯国，富国强兵，积蓄力量。然而这番鼓动的话让顷襄王颇为犹豫。在军事和外交政策上，他的摇摆不定比楚怀王还要严重。

听完这番建议，顷襄王马上召集重臣们商量。

有一名重臣提出："先王曾经遭受秦国的欺骗，最终死在异乡，楚国民众怨愤极大。如今一个最普通的平民都有对秦国开战的决心，而我们楚国有五千里的广阔土地，有大批坚甲将士，为什么不主动进攻呢？与其困在这里遭秦国进攻，还不如找准秦国的弱点，主动杀出去。"显然，这名重臣对楚怀王客死秦国、以至于民怨极深的分析都是正确的，但他过高地估计了楚国的经济和军事实力，明显地误导了顷襄王。可在顷襄王听来，这个意见非常高明。

确实，这个时候的顷襄王，对于亲秦派那套献媚求和的手法已经失望，就在这一年，他还免去了子兰的令尹一职。此时，他想，既然有人劝我与秦国对抗，那就试一试吧，我要让诸侯各国看一看，我堂堂楚王不是一个只知道卑躬屈膝的人。

很快，顷襄王放弃与秦国的"连横"盟约，派出一群使节，分赴诸侯各国，重拾"合纵"之策，准备讨伐强秦。得知消息的秦国当然不会无动于衷，立即集结精锐之师，向楚国扑来。这又将是一个异常血腥的年月。

仍然流放在南楚洞庭的屈原关注着时态的发展，为楚国的前途命运忧心忡忡。

楚顷襄王十九年（公元前280年），由楚国率领的联军还没有组成，秦国军队就如洪水猛兽般朝楚国扑来；楚国凭一国的力量仓促应战。战场上是异常惨烈的情景，双方力量的悬殊，使得楚国军队丢盔弃甲，一败涂地。是的，这是一场本该避免的战斗，无益的牺牲只能再度削弱自身。明知对方是一块石头，何必拿自己这个鸡蛋撞上去呢？

打了胜仗，秦国便又伸手要地。连声叹气的顷襄王只得割让上庸、汉北两块土地给秦国。得了土地之后，本想继续深入楚国腹地的秦国军队方才撤退。顷襄王和宫廷内的官臣们又松了一口气。

但是，猛兽的胃口是永远也填不饱的。第二年，在战场上一次次得了大便宜的秦国再次出兵伐楚，这一回打得更加凶猛。秦国大将白起本来就是一个勇猛无比的名将，手下的军队特别能打仗，已被打得抬不起头的楚国军队几乎无法招架。这一年，秦国的军队势如破竹，接连夺走了楚国的鄢、邓、西陵共三座城池，楚国军队不得不一次次后撤，退到了都城郢都一带坚守，以免国都沦落。

顷襄王似乎预感到路将已快到尽头，在王宫里如坐针毡，不时催问前方战况如何，不时又寻找能率兵打仗的将领；他的阵脚已经大乱。作为一国之主，一旦阵脚大乱，将意味着什么？这时，平日里那些趾高气扬、不可一世的贵族高官，特别是亲秦派们，都已在为自己的后路做准备。宫廷里已是一片混乱。

　　顷襄王突然觉得自己很孤独，他甚至已找不出几个敢于在危难中挺身而出的人。难道昔日强盛的楚国就这么完了吗？先辈创下的业绩将毁于自己这辈人的手上吗？他不免深感惊恐，不由得大声喊道："来人哪!"

　　几名官员应声前来，看得出他们也已在准备逃命了。

　　"传诏下去，凡是在战场上顾自逃命的，一律戮杀!"顷襄王的嗓音已经嘶哑。

　　官宦们互相对视了一眼，犹豫了一会儿，最后，吞吞吐吐地说："可是……很多将士在战场上当了逃兵，一律戮杀的话，人数就太多……"

　　顷襄王还没有听完，就瘫在了椅榻上。

　　是的，此时的楚国，尽管抗秦的呼声似乎比以前高了些，可惜为时已晚。最精锐的军队已经覆没，最好的机会已经丧失，人心也已涣散。在这样的时候，哪怕是最高超的军事指挥家，也已回天乏术。

　　官宦们在顷襄王面前说"很多将士在战场上当了逃兵"，这确是事实。纵观秦、楚两国几十年的交战史，楚国惨败的最大原因，是亲秦派的策略错误，但楚国军队中的离心离德现象，在这其中的作用也不可忽视。对此，著名的谋臣策士苏秦曾有一段分析："楚虽有富大之名，其实空虚。其卒虽众，多言而轻走，易北，不敢坚战。"意思是说，楚国虽然拥有充裕的兵力、精良的武器，但实质上它是空虚的。楚国军队虽然人数众多，可很大部分容易逃跑，或者倒戈，根本不敢坚持战斗。

　　然而，楚国军队的这一弱点并非因为他们怕死。楚地民

众曾经具有相当的锐气和勇气、开拓精神和进取精神，创造了可歌可泣、引以为豪的历史。楚国军队后来之所以逃兵众多，是"统治者非其道"，即国家的当权者自我感觉过于良好，行为处事背离了起码的从政之道，背离了起码的为人之道，导致宫廷中风气不正，正直的人们几乎无法为国效劳，屈原就是一个典型的例子。这样一来，在整个楚国，军队都在各自作战，没有统一指挥；老百姓各管各家的事，民心涣散，离心离德，甚至在强敌入境时，也没有充分的斗志。目睹这样的现象，连率兵数次攻打楚国的秦国大将白起也不由得大为感慨："是时楚王恃其国大，不恤其政，而群臣相妒以功，谄谀用事，良臣斥疏，百姓心离，城池不修，既无良臣，又无守备。"

郢都陷落了。

《天问》

郢都的陷落，对屈原的打击是致命的，看着思念的故土战火硝烟，哀尸遍野，国政昏晕，内心的悲愤与痛楚强烈地鞭策着他。在短暂的两三个月里，屈原一口气写了《哀英》、《怀沙》、《天问》三首光辉诗篇。其中《天问》——也即"问天"——是屈原最重要的代表作之一。这部作品标志着屈原的思想境界从更多地以关注国家兴亡、身世感慨为主，上升到了以探索真理、挥发哲思为主的新高度。

在《天问》中，诗人首先抨击了迷信的宇宙观，对宇宙混沌开辟、天体、地形构造、日月星辰的运行等传统见解表示怀疑：远古开始的情况，是谁把它传说下来的，天地还没有形成，根据什么来考察？白天黑夜未分、一片朦胧晦暗，谁能把它弄清楚？宇宙间充满混沌之气，这种无形之象，凭什么来辨认它？阴阳参合、化育万物，可是阴阳的本源是什么，它们为什么会变化？天有九重，是谁营造？又是谁计算的？这工程多么巨大，最初设计它的又是何人？斗柄和维星是怎样系结的？天极又支撑在哪里？八柱是怎样支撑着天，东南的地势为什么偏低？天体的九野之间，是怎样衔接相连？天域广大，隔限众多，谁能知道它们的数目呢？天在什么地方与地相合？十二辰又如何划分？日月系在哪里，星星又陈列在何处？太阳从汤谷升起，晚上住在蒙汜，从天亮到天黑，它到底走了多少路？月亮有什么神术，为什么总是死而复生？顾菟在月亮的肚子里，它对月亮有什么好处？诗人对春秋战国时期流行的"盖天说"提出了责难。"盖天说"主张天是圆的，像一把张开的伞，地像方形的棋盘，天斜罩在地上，以北极星（北辰）为轴心旋转。四周有八根柱子支撑。屈原怀疑"盖天说"，既有他对现实社会忧愤的情感因素，也表现了他探索真理的精神。

　　第二部分所问的是古代史实，从人类始祖到治水的鲧、禹；从后羿的英雄事迹到夏、商、周三代的兴衰成败，几乎都一一做了质问。禹把全部精力献给了治水的功业，下去视察天下，怎么会与涂山氏之女在台桑通婚？禹怜爱涂山氏女而和她婚配，使自身后继有人；为什么他与别人的兴趣不

同，而不贪图一朝的欢乐就离开她？夏启想取代伯益，终于遭到囚禁的忧患。为什么夏启当初落难，又能够从监狱中逃离？禹和益都以恭敬、谨慎为依归，他们本身都没有什么恶德？为什么伯益失败，而禹却繁盛昌隆。启屡次送美女给天帝，得到了天乐《九歌》、《九辩》，为什么偏爱儿子却杀害了他母亲，使她身体裂开而委弃于地呢？天帝派夷羿下来，是为了革除夏民的忧患，他为什么射瞎了河伯的眼睛，又娶洛嫔为妻？羿用装饰着贝壳的大弓，射杀了大野猪，为什么他把最肥美的祭肉恭恭敬敬地献上去，天帝还不领情赏光？寒浞娶了纯狐氏女，就与后羿这个迷惑人的老婆一道来谋害羿。羿有射穿七层皮革的力量，寒浞与纯狐女又怎么能够合伙吞并他？这里涉及的四个主要人物是禹、羿、益、启。在我国古代的传说中，禹与羿是两位伟大的人物。上帝赐给禹息壤，赐给羿彤弓。禹重建了大地，羿射下九日，他们拯救人类于水火之中，但两个人的遭遇却有天壤之别。虽然他们的个人品德也相似，后羿强娶了河伯之妻洛嫔，禹则与涂山女相通，但两人所得到的结果却

不一样：禹的儿孙繁衍昌隆，而羿却被人吞灭。诗人不仅对传说非常怀疑，而且对天帝是否公平，也持怀疑态度。益是受天命到人间辅佐大禹的，可却被人间的启略施小技——送给天帝美女而取代了。

由此也可看出天命很不可靠。

天命是反复无常的，它到底惩罚什么？保佑什么？

齐桓公曾经九次召集诸侯会盟，可是到头来还是被困身死！殷纣王这个独夫，是谁使他昏乱迷惑的？纣王为什么憎

恶忠直辅佐之臣，而信用谗谀小人？比干有什么不顺从纣王的事情，而遭到压制沉没？雷开如何逢迎拍马，而被殷纣王赐金封爵？为什么圣人的品德相同，而最终他们的表现方式却不一样：梅伯被剁成了肉酱，箕子却装疯卖傻？

然而这一连串的问题在诗人的心目中早已就有了明确的答案：

> 后辛（指纣王）之菹（zū）醢（hǎi）兮，殷宗用而不长。
>
> 夫孰非义而可用兮，孰非善而可服！

殷纣王残害忠良、滥杀无辜，使殷朝的天下不能长久。哪一个不正义的人能够任用，哪一件不善的事能够施行于天下呢？

屈原在诗中之所以发出这样的质问，完全是由于对黑暗现实的愤激：时世浑浊，统治者进谗弃贤、是非不分，赏罚不明。黄钟毁弃，瓦釜雷鸣，谗人高张，贤士无名。屈原借历史影射现实，表现了尖锐的批判精神和进步的历史观、政治观。

《天问》的最后一部分归结到楚国的社会现实：楚国好似处在风雨如晦的时刻，结局令人担忧！它的威严既然不能保持，祈求上天又有什么用？我身居草莽、隐伏山洞，对国事还有什么可说？楚国动辄兴兵打仗，国势衰微，国运哪能长久？昔年吴王阖闾和楚国相争，攻入郢都，战胜了我们；假如君王能够悔悟，吸取教训，进行改革，我还有什么话可说的？斗伯比环间穿社，越过小山，和郧女私通，怎么会生出一个有令尹才能的子文？我来说说堵敖（即楚文王子熊）统治不长的事，为什么他的弟弟熊恽将他杀死，自己继任王

位，他的忠名反而更加昭著？诗人对楚国的政治形势极其担忧，深怕楚怀王荒淫误国，重蹈楚昭王时被吴攻破郢都的覆辙，所以急切期望怀王觉悟、改过自新、刷新朝政，扭转楚国在割据战争中被动的局面。

《天问》是一篇非常独特的诗篇。该作品乃是一种空前绝后的文学形式，全文自始至终，完全以问句构成，一口气对天、对地、对自然、对社会、对历史、对人生提出一百七十二个问题，被誉为是"千古万古至奇之作"。显示出作者超高的艺术才华，表现出诗人非凡的学识和超卓的想像力！

《天问》保存了丰富的神话、传说和历史的资料，更重要的是它渗透着诗人的政治见解，也反映了他大胆的怀疑精神和强烈的爱国主义态度，是极富于现实性的奇文。

《天问》在形式上已经完全摆脱了《诗经》四字句的束缚而创制了新的体式，从艺术形式上说是对《诗经》的突破性发展。

《天问》是我国古代诗歌百花园中的一朵奇葩，表达了作者朴素唯物主义的观点、抗争现实的精神和明确的政治主张。

《天问》的内容涉及了大量的历史传说、神话故事和天文、地理等自然现象，并以此为背景，一口气提出了一百七十多个问题，每一个问题都有作者深刻的用意。表面上，屈原是在向苍天发问，想让苍天解答他的疑问，其实，他是在对现实社会发出声声质问，对社会诸多不平事情发出阵阵感叹，他所质问的真正对象是国君，是那些操纵着这个社会、这个国家的当朝者。

《天问》的层次秩序似乎显得凌乱，存在着时序颠倒等

问题，但它的结构形式在中国古代诗歌史上是独一无二的，问答的形式与内容也非常贴切，完美地体现了作者鲜明的思想倾向和感情色彩。事实上，从我国西南少数民族的古老叙事民歌里，可以发现这种问答式的歌吟形式。部分流传至今的苗、白、彝等民族的史诗中，也都采用了这种问答式，其内容和形式都与《天问》有着相似之处，这说明屈原在创作《天问》时，借鉴了中国南方的古民歌。与屈原别的诗篇一样，他的作品始终植根于楚国民间文化和艺术的沃土。

与《离骚》相比，《天问》处处闪耀着浪漫主义的色彩，其神话故事的缤纷旖旎超过了前者。它不再对国君、对社会抱有更多的希望，更多的是一种批判、一番谴责、一腔愤懑。不错，此时的楚国还剩多少富国强兵、叱咤天下的希望呢？它早已苟延残喘，随时都有可能被秦国所灭。因此，我们可以说，《天问》是一部抒忧愤之情、表抗世之心的诗篇，是一部诗人敢于抛弃幻想、质疑现实、追索终极真理的旷世奇作。正因为此，在屈原的诗作中，在中国古典诗歌史上，《天问》具有极其重要的地位。

饮恨沉江

屈原在流放中，经常和老百姓生活在一起。他看到恨秦国抢楚国的土地的人民，他们一年到头辛辛苦苦种地，还是经常受冻挨饿，生病没钱医，死了没钱葬，遇到天灾人祸，就弄得妻离子散，家破人亡。这种悲惨的景象，更加深了屈

原的痛苦。他一直喜欢把他的所思所想写下来，这会儿写得更多了。

日子过得挺快，十几年过去了，屈原还没有得到楚王召他回去的消息。他忧虑国家的前途，日里梦里，老想回楚国的国都郢都。他想借山川景物来排解他的爱国忧愁，结果反而更加伤心。楚国的政治这么腐败，秀丽的河山逐渐被秦国抢去，楚国太危险了。

屈原想立刻回郢都去，再劝楚王，事实上已不太可能。有人对他说："你何必留在楚国受这份罪呢！"屈原说："我怎能扔了家乡、扔了父母之邦啊！鸟飞倦了，想回到自己的老枝上去歇息啊；狐狸死了，头还向着土山啊！救国的道路漫长漫长啊，我不能离开楚国，我要上下寻找救国之路啊！"

坏人掌权，楚国的大难终于临头了。公元前278年，秦国派大将白起攻打楚国，打下了楚国的国都。屈原听到这个消息，伤心得放声大哭。这时，他已经是62岁的老人了。郢都被秦军攻陷的时候，悲愤的屈原站在洞庭湖南岸的一片泥地里，极目向北方的郢都眺望。尽管看不见那儿的滚滚浓烟，听不见被屠杀的生灵那悲怆凄惨的哭声，但深知战争之苦，深知秦军残暴，深知郢都沦落后命运的他，完全可以想象出，那座美丽而繁华的都市正在经历何等狂暴、惨烈的蹂躏。屈原甚至不忍去想象那儿正在发生的一切，可这是无法回避、无法更改的事实！

可是，当屈原听说楚国先人的陵墓被烧毁，象征楚国王宫威严、集聚楚国文化精华的大型宫殿"章华台"成为一片

废墟时，深深绝望的屈原终于忍不住了。他蹲下身，然后又趴在这片泥地上，匍匐着，反复亲吻楚国的土地。这样的王朝，这样的官宦，这样的强敌，这样的局势……还能让自己再说些什么呢？即使是身下的这块土地，对于楚国，还究竟能保住多少时日？

屈原的双手不顾一切地插进身下的土地里，他实在不知道自己应该怎样做，才能保住这片楚国的土地，保住先祖留下来的社稷，才能让楚国富国强兵，最终让楚国来统一天下。然而现在，连郢都也丢了，一切早已不可能了。

攻下郢都，随即又占据了洞庭、五渚江以南等地区的秦国军队乘势进攻，于当年又沿着长江，进入三峡地区，很快又占据了巫山、黔中等地，设立秦国的黔中郡，把楚国的版图切割得七零八落。

公元前278年，夏历的五月初四日夜，这是个非同寻常的夜晚，在这个夜晚里，一颗巨星正经历着陨落前的熬煎与磨难。

天阴地晦，星月无光，漆黑的天空正沉沉地压了下来，欲与昏睡的大地相合。天气闷热，空气潮湿，抓一把湿漉漉的，人都汗流浃背，牲畜也热得张着大嘴喘息。这阴晦，这黑暗，这闷热，预示着一场震撼人心的暴风雨就要来临！……

人终有一死，死并不可怕，令人悚惧的是死前那痛苦的折磨——灾难的折磨，疾病的折磨，刑罚的折磨，境况和遭遇的折磨……在这个人们永远也不会忘记的夜晚里，屈原正经受着精神和感情上撕肝裂胆的折磨。

屈原

QU YUAN

　　在这辞世前的最后一个夜晚，屈原又赶写了《惜往日》，这是他的绝命词。

　　"惜"是爱惜、痛惜之义。首句"惜往日之曾信兮"，是爱惜。中间"惜壅（yōng）君之不识"，是痛惜。

　　在这首《惜往日》中，屈原要突出表现自己崇高的爱国主义精神及法治思想。他痛惜自己的理想和主张受到谗人的破坏而不能实现，说明自己不得不死的苦衷，并希望以自己的死来唤起广大人民的爱国意识。他对于低能无识的顷襄王没有半点指望，他不愿眼睁睁看着祖国灭亡后才去死，故而赴死之心早已决定。

　　屈原写完了《惜往日》已是三更将尽，正襟危坐于灯烛之下默诵了两遍，垂泪不止，泪湿沾襟。读完之后，他仿佛完成了今生的最后一件事情，了却了一番心愿，心情似觉平静了许多。他站起身来，伸了个懒腰，在室内踱步。

　　屈原欲做之事也许已经做完，但他的心思却没有完，踱步之后依然面对孤灯而坐，继续想他那想了许久的问题。

　　天亮后便是五月初五端午节了，端午节虽不是二十四节气之一，但却与夏至颇为接近。夏至为北半球一年中白昼最长的一日，太阳的威力到这天的午时为最高潮，日照最长，威炎亦最盛。夏至以后太阳随即由盛转衰，威炎减退。中国的古人一向依赖"应天显时"的方式生活，一切均以太阳的出没为依归，太阳由盛转衰之日，人们便惶然感觉受到"衰老死亡"的威胁，仿若大祸临头，于是大兴禳灾避疫之举，纷纷举行各种祭礼活动，在这一天投江，亡灵可以与神祇们共享天下万民之祭。

五月初五是民间祭祀图腾神兼始祖的节日。上古时候，人们在自然势力的威胁下，常意想某种生物或无生物有着不可思议的超自然力量，认定那种东西为他们全民族的祖先和保护神，这便是"图腾"。华夏民族以"龙"为图腾，为了表示自己"龙子"的身份，借以巩固本身的被保护权，就形成了绣图文身的风俗。每年的这一天，他们都要举行盛大的图腾祭，将各种食物装在竹筒中或裹在树叶里，一面往水里扔，献给图腾神——龙吃，一面也自己吃。这便是最初端午节的意义。屈原在这一天投江，既反映了自己的爱国主义思想，又展示了他至死不渝的美政思想——以楚来统一中国。同时他也希望乘着龙神，在一片祝福声中升入天国。

春秋时道家于五月初五祭"地腊"。《道书》云："五月五日为地腊，五帝校定生人官爵，血肉盛衰，外滋万类，内延年寿，记录长生。此日可谢罪，求请移易官爵，祭祀先祖。"

五月初五是"割其腓（féi）股以啕（táo）"君王的介子推、尽忠于吴国的伍子胥死难的日子。前者不惜性命以事君王，终无所得而被遗弃；后者为吴国立下了汗马功劳，最后反被吴王杀戮而抛尸江中。这些冤屈与屈原之"正道直行，竭忠尽智以事其君"，最后落得"信而见疑，忠而被谤"以至长期流放江南，何其相似！屈

◎介子推：重耳(献公子)微臣，后人尊为介子，周代晋国大臣，文公返国，介子推"不言禄"，隐于绵山。晋文公欲求却不得，放火焚山，他抱树而死。相传，寒食节起源于晋文公火烧介子推的故事。

◎伍子胥：春秋末期吴国大夫，军事家、谋略家。协助吴王夫差战胜越国。后来夫差听信谗言，赐给吴子胥宝剑，命他自杀。

原推想其最后结局，便喟然长叹："知死不可让兮，愿勿爱兮。"他对着已死去的前贤，对着还活着的忠臣赤子，提前一个月就发出了信息："明告君子，吾将以为类兮。"

越王勾践为了复仇"卧薪尝胆"，每年于五月五日训练水军，屈原选择这个日子自尽，旨在号召人民团结一心，复仇兴国。

死的决心早已下定，死的日期也已确定，这一切都是自觉的，经过深思熟虑的。

当东方刚刚亮出曙光的时候，屈原穿上了平日舍不得穿的冠袍，佩上他一直珍爱的宝剑，走到濯（zhuó）缨桥上最后一次梳头、洗脸、整理衣装。他走下小桥，又望了望自己居住了几年的荒野小屋，然后转身沿着汨罗江朝下游的罗渊走去。他走了好久、好远。在罗渊，他远眺西北方的祖国首都，可是它太遥远了，而且已落入敌手了，望又望不见，归又归不得，如果怀王、顷襄王能采用自己的政治主张和外交策略，楚国何至于落到这种地步？

屈原沿着小道踉跄走向了江边。耳畔似乎响起远处的刀枪撞击声、呐喊声以及让人揪心的呻吟声。此时，作为"战国七雄"之一的楚国正处于风雨飘摇的历史关头，另一个强大的诸侯国——秦国的军队即将占领这儿。他呆呆地走着，听着，叹息着，转身走向汨罗江，在江边的泥岸上坐下来，

注视着这滔滔江水，一动也不动。他抱住脑袋，一副十分痛苦的神情。

他身后不远处的江畔小道上，不时有逃难的人从远处奔来，急急地向南方逃去。不难看出，这些逃难的人中，有不少还衣着华丽、行囊庞大，甚至还驾着牛车，他们是地位显赫的官吏。连官吏都在狼狈地逃难了，普通百姓还敢再死守家园吗？

"郢（yǐng）都早就陷落了，连长沙都快要失守了，楚国的军队一直在撤退！"

"快走，快走，秦国的军队已经渡过长江，过了湘水，离这儿越来越近了……"

逃难的人群中不时传播着这样的消息。这可绝不是危

言聋听，那些刀枪撞击声、呐喊声以及让人揪心的呻吟声，不正由北向南地追撵着扑来吗？盘旋在逃难人群上方的乌鸦也在凄厉地叫着，给这绝望的氛围平添了一丝浓重的伤感。

原本，这可是南方最温暖、最美丽的暮春季节呀。杂花生树，群莺乱飞，一切都充满着诗情画意。谁知，楚国的灭顶之灾已在眼前。

屈原依旧坐在汨罗江边的泥岸上，紧紧抱着脑袋，整个人蜷缩成了一团。汨罗江水拍击着泥岸，涛声阵阵，他发出的痛苦的哭泣声与涛声交织在一起。他为楚国而哭，为民众而哭，为自己而哭。曾经的抱负，曾经的努力，想不到竟破灭在这个自己一向歌吟赞美的美好季节，这怎么叫他承受得了呢？

自己美好的政治理想毁灭了，自己心爱的祖国也将要灭亡了。屈原一想到这些，禁不住老泪纵横，他昂首问天："苍天，你为什么这么不公平，把厄运降到楚国人民头上。苍天，楚王为什么总是被小人蒙蔽，而不理解我的忧国忠君之心。既然我的理想无法实现，郢都已陷入敌手，我还有什么必要再活下去，我以身殉国，希望能引起楚王觉悟，以挽救楚国的危亡啊！"说完，他纵身跃入汨罗江中，滚滚波涛顿时将他淹没了，阵阵涛声仿佛依然在倾诉着忠魂的心声，呼唤着这千古不朽的爱国灵魂。

一颗璀璨的明星陨落了，汨罗江水倒流，浊浪翻滚，悲风四起，百姓们闻讯赶来，只见屈大夫常骑的那匹白马耷拉着脑袋，纹丝不动地立于悬崖峭壁之巅。百姓们奔跑着，哭喊着："屈大夫投江了啊！屈大夫投江了啊……"原先划进

江边港湾的船只，闻声箭也似的飞了出来，立即打捞抢救。一条船一两个人划太慢了，百姓们纷纷跳上小船，拿起扁担、木板一齐划水，边划边垂泪不止，热泪洒于江中，致使江水更加汹涌澎湃。数十条小船像穿梭似的在江面上来往。横十里、顺十里的百姓全都哭天嚎地地向这边奔来，汨罗江两岸人山人海，同放悲声，哭声盖过了风雨雷霆，压倒了撼山的涛声。江面上，一直到断黑渔民们还在打捞，江岸边，如潮的人群直至伸手不见五指方搓着红肿的双眼依依不舍地离去。

　　第二天，东方尚未泛白，汨罗江上便布满了各色各样的大小船只，但是三天后，仍未找到屈原的遗体。有位渔民望着阴沉迷蒙的天空说："屈大夫系文曲星下凡，只怕是到天上告状去了。"

　　另一个渔民指着汹涌的波涛说："我看，只怕是被浪涛冲到洞庭湖里去了，我们还是到洞庭湖去找找看吧。"

　　又有一个渔民乞求似的对翁老汉道："您老人家快做决定吧！"

　　翁老汉挺身站在船板上，眯着双眼遥望前方，捋着花白胡须在思考着什么，一直没有做声，听见有人问他，才猛然一手扦腰，一手指着云遮雾障的前方，命令似的说道："船发洞庭，闯！"

　　几十条大小船支闻声奋然划桨，顺江而下，齐闯洞庭……

　　且说五月十五日这天，天气阴沉沉的，汨罗江边上一丝儿风也没有。玉笥山上的树枝像寒冬腊月结了冰一样，根根

直立着。江水哗哗地流淌着，文静，雅致，像湿衣不乱步的儒生。江中少有航船，岸畔行人寥寥，一时间不知人们都躲到哪儿去了。

一艘渔船载着屈原的遗体回到了岸边。遗体上岸这天，正是端阳节后的第十天，为了纪念这个难忘的日子，汨罗江两岸的百姓称五月十五日为"大端阳"。

屈原停灵在地的日子里，玉笥山和汨罗江下游的百姓们纷纷来到屈原的茅草房，借走了三闾大夫的新旧内衣，大家将这些大夫曾经穿过的贴身内衣撑在竹篙上，三五成群地沿江奔跑，或在罗渊四周转悠，高喊着三闾大夫的名字，为其招魂。招魂的人们边跑边撕肝裂胆地呼唤：

"尊敬的三闾大夫啊，您为何要投身罗渊，让自己的魂魄飘流四方？……"

"三闾大夫的灵魂啊，快归来吧！东方有轮流照射的十个太阳，能够把真金熔化！西方是茫茫的沙丘，哪来的五谷充饥！南方有九头的雄蟒，专爱吞食阴灵！北方有千里冰雪，无处栖身！大夫的灵魂呀，您快些归来吧！"

"地上无您容身之地，天上又守有凶残的虎豹豺狼，地狱的门虽然敞开着，里边却盘踞着九尾的魔王。三闾大夫啊，您的灵魂快回吧，快回到幽静、安祥的玉笥山下！"

人们奔跑着，呼唤着，泪水洒满了汨罗江两岸，凄厉号啕之声在罗渊上空萦绕，飘荡。

时令虽已至暮春季节，但这一年的气温却特别低，春寒料峭，一月有余，时常有呼啸的西北寒流袭来，故而屈原的尸体得以不腐。半个金头造就之后，汨罗百姓将三闾大夫安

葬在玉笥山东北的汨罗山上。

出殡这天，百姓们头上缠着白布，脚上穿着草鞋，腰上系着苘经，千人披麻，百民戴孝，从四面八方号哭奔来，为三闾大夫送葬。

从玉笥山到坟地的十多里路上，旗幡似飘飞的秋叶，挽帐若低垂的浓云，长长的人流沿着汨罗江缓缓移动，引幡的，打旗的，执引的，奏哀乐的，挽孝的，抬杠的，叫号的，箪食壶浆的，呼天号地的，悲怆欲绝的，捶胸顿足的，指天誓日的，膝行而前的，江两岸，山上下，童叟涕泗流，妇孺泪眼红，漫漫华夏大地淹没在汪汪泪水之中。送葬的人们来到坟地，无休止地挥泪，哭泣，泪水把焦干的红土湿透，满山低矮的树枝和草梢上挂着晶莹的泪珠，好似落过一场毛毛细雨。

这哭声感天地，泣鬼神，只哭得乌云滚滚，悲风阵阵，落叶飘飘，日月晕晕，天地昏昏……

屈原安葬以后，来这里凭吊的百姓络绎不绝，每天从早到晚，通往汨罗山的大路小路人流不断，山下汨罗江边停靠着各种各样的大小船只。从屈原的家乡归州，到屈原曾经为官的鄂渚、郢都，以及屈原曾经去过的常德、辰溪、溆浦、长沙、桃江等地，都有百姓远路迢迢地赶来祭奠。连楚国的旧臣也三三两两偷偷来到这里，燔柴，奠帛，读祝，叩头，他们在这山高皇帝远的地方咬牙切齿地骂昏君，骂奸佞，骂秦军，留下了"楚虽三户，亡秦必楚"的誓言。

✹ "我哥回" 的传说 ✹

　　秭归县的苍山翠林中，西陵峡的云崖雾岭间，有一种嘴巴殷红、羽毛金绿的鸟儿，一到五月端阳节，就跳上枝头，从黎明到黄昏不停地叫唤："我哥回！我哥回！……"

　　人们说"我哥回"这种鸟雀儿，就是屈原的堂妹幺姑变的。

　　相传，屈原有一个叔伯妹妹叫屈幺姑。这个姑娘，是喝三峡水长大的贫苦渔家女，风姿俊俏，心灵手巧，性格刚强。村里人都晓得，幺姑飞针会绣花，飞叉能刺鱼，爬岩会砍柴，攀壁能采药。那清脆悦耳的山歌，唱过一坡又一坡，直唱得林中百鸟来应合。她曾驾着渔船，荡着双桨，迎着西陵峡里的风浪，送屈原四处走访；他曾陪送屈原，翻过一架又一架陡峭的山峰，穿过一片又一片翠绿的柑橘林，听民歌，采楚风（即采录楚国的民歌），帮助屈原在故乡橘林里写下了《橘颂》诗篇。有一回，屈原从郢都回到家乡，擂鼓募兵，抗击入侵的秦国军队。屈幺姑听到这震动山河的擂鼓声，马上带领峡江上的渔民船夫，最先打起抗秦保楚的旗帜，向屈原请战。这阵势，威震归州（即今秭归县）内外，叫秦兵闻风丧胆……就这样，屈原无论是在青少年时代，还是入朝做官以后，都把屈幺姑看做是自己的亲妹妹，情同手足，骨肉难分。

　　万万没有想到呵，就在顷襄王二十一年农历五月初五这一天，屈幺姑正在撒网打鱼，忽见云中飘下一条带子。她站

在船头，接起一看，心里一怔，这不就是屈原哥的腰带吗！

她立刻跳下船头，打起飞步，爬上九畹溪旁的仙女峰，遥望东南方，眼含泪水，默默念着："屈原哥哥！你该没有出什么凶险事吧！你千万不能离开我们啊！快回来吧！归州的百姓想念着你，你的幺妹想念着你呀！"

这时，屈幺姑一边默念着，一边抚摸着屈原的腰带，心如针扎，难过极了。她茶不饮，饭不吃，久久地坐在仙女峰顶，遥望东南方，声声呼唤："我哥——快回哟！我哥——快回哟！"直唤得草木低头，白云滴泪，山风呜咽，猿鸟吞声，连仙女峰千年松也躲在云雾里偷偷地擦泪。

第七天早晨，屈幺姑又爬上仙女峰，拨开云雾，强撑着哭肿的眼皮，向东南方的峡江望去，只见一条金光四射的大神鱼，驮着屈原的尸首，飞滩逐浪，向归州游来了。屈幺姑看见屈原哥尸首，像晴天一声霹雷在脑门上炸开。她的心碎了，肝胆要炸裂了，一边呼天抢地痛哭，一边向山下河边飞跑。跑呀跑呀，石尖划破了双脚，她不觉得疼；棘丛抓破了她的衣衫，她没理会。她喊一声"我哥——快回哟！众乡亲就呼唤一声："屈死的三闾大夫安息吧！安息吧！"

金色的神鱼听到一片哭声，不忍让屈幺姑和百姓过分悲伤，便闪身一跃，将屈原的尸首驮到了太空，留下了屈原的一堆衣寇放在一座鱼形山脊上。刹时，乡亲们一齐拥来，有的忙着挖土，有的忙着打石条，有的忙着做红色的楠木棺椁，有的忙着打吊棺的铁链。没用多久的时间，便为屈大夫建造了一座高大的农冠塚。

屈幺姑来到衣冠塚前，抚摸着哥哥的衣衫，越哭越

伤心。她顿着脚，捶着胸，又悲痛又愤怒地说："朝廷昏庸，奸臣得势，把一个好端端的楚国弄得山河破碎，民不聊生，害得我哥哥和多少忠臣含冤而死，这……这叫人怎么活得下去呵！"

哭声刚停，屈幺姑一头撞在衣冠塚上，"轰"的一声，顿时昏死过去。乡亲们正慌忙来抢救，却见屈幺姑的身上忽然红光四射，借着一股青云，腾空而去了。这时，众乡亲仰望西陵峡的上空，只见屈幺姑的身影在彩霞中一闪，竟化作一只嘴巴殷红、羽毛金绿的鸟儿，穿过金色的阳光，飞进了丛林。她还在声声呼唤着："我哥回！我哥回！"

从这以后，每年五月初五这一天，这种鸟儿就在秭归的崇山峻岭中四处叫唤，一声声，一声声，从黎明到黄昏，叫得声嘶力竭，嘴满鲜血，还不止声。老人们说，那殷红的嘴，是屈幺姑呕出的心血染红的，那全绿的羽毛，是故乡的青山绿水披在她身上；"我哥回"这种鸟儿，是屈幺姑那颗赤诚的心变的。"我哥回"一啼叫，人们都知道屈幺姑又回故乡看望他的哥哥了！

从此，每年端午节，归州屈原沱都举行龙舟竞渡，机智的艄公和勇猛的桡手（划桨的人），都在鼓声中高喊号子："我哥——回哟！我哥——回哟！"老人们说"我哥回"是一种吉祥鸟。听到它的啼叫，就会大灾化小，小灾化无；长夜缩短，百病俱消。种田人一听到它啼叫，就知道是栽秧割麦的紧张时节了，都起在黎明前，收工在黄昏后，抓紧农时，不误收种；三峡的船夫渔民一听到它啼叫，大风大浪脚下踩，凶滩恶礁忙躲开，过滩船如飞，打鱼网网多；孩子们

一听到它的啼叫，读书就更加专心致志了。

千百年来，屈乡人民十分珍爱"我哥回"，不准任何人动它一根羽毛。打猎的青年见了它，自动调转枪口；川江的艄公见到它，立即吹哨致敬……虽然这只是一个传说，但它却表达了人民对屈原深深的怀念。

深远影响

屈原的爱国主义精神激励着一代又一代炎黄子孙，屈原的诗赋哺育着一代又一代华夏儿女，这里仅就历代的诗人略举几例。

郭沫若说过："由楚所产生的屈原，由屈原所产生的《楚辞》，无形之中在精神上是把中国统一着的。""无论何时何代的中国人，都是在他的伟大影响之下。"正是由于这种影响，我们的民族形成了"位卑未敢忘忧国"，"留取丹心照汗青"的爱国主义传统；正是由于这种影响，我们的人民百折不挠，自强不息。尤其是民族危亡的历史关头，这种强烈的忧患意识和献身精神，更是具有巨大的鼓舞性和号召力，仁人志士无不受到感召而奋起。

唐代大诗人李白曾经高唱"屈平词赋悬日月"，直接继承并发展了屈原开创的浪漫主义手法，安史之乱中在屈原精神的感召下，他那忧国忧民的激情像火山爆发一样倾泻而出，写出了不少反映现实的佳作。诗圣杜甫不仅非常钦佩屈原的艺术成就，明确表示要"窃攀屈宋宜方驾"，而且十分

敬佩屈原的为人，抒发了"若道世无英俊才，何得山有屈原宅"的感叹。他"穷年忧黎元"的忧患意识和"济世肯杀身"的献身精神，与屈原的爱国主义一脉相承。

南宋时期，伟大的爱国主义诗人陆游引屈原为同调，对他的爱国激情表示强烈的共鸣："《离骚》未尽灵均恨，志士千秋泪满裳。"同时以屈原精神激励自己收复失地的壮怀："楚虽三户能亡秦，岂有堂堂中国空无人！""僵卧孤村不自哀，尚思为国戍轮台。"在他的巨量诗作中，最为突出的是那火一样的爱国激情。著名的爱国词人辛弃疾不断以屈原的爱国主义精神勉励自己，"细读《离骚》还痛饮"，其大气磅礴的爱国词作颇有屈原之风。李清照这样婉约派的大家，在国难当头之际，也受到屈原《国殇》的感染，抒发了"生当作人杰，死亦为鬼雄"的豪情，足见屈原精神感人之深。

明朝末期，爱国主义诗人陈子龙以"弱龄的骚雅"自诩，他对屈原的遭遇愤愤不平："佞人托肺腑，中正难久安。""楚国乱无极，屈原困上官。"并写下了大量的充满时代气息的诗作，充满了爱国主义的激情。同时他积极组织抗清复明的活动，兵败被俘后，毅然投水殉国，成为仿效屈原的光辉典范。陈子龙的学生、少年英雄夏完淳也表示过要追随屈原的决心："招魂而湘江有泪，从军而蜀国无弦。"被捕后他宁死不屈："已知泉路近，欲别故乡难。毅魂归来日，灵旗空际看。"真是"魂魄毅兮为鬼雄"！

辛亥革命时期，女中豪杰秋瑾，"为争取祖国的光明前途而不惜抛头颅，洒热血，牺牲个人的一切。"关心祖国的

危亡，抒发爱国主义的情感，构成了秋瑾诗词的中心内容，屈原精神的影响显而易见。18岁居湘时，她就写下了《吊屈原》一诗，怒斥"楚怀本屏王，乃同聋与瞽"。后来写下的《感愤》，直接吐露出"情沙有愿兴亡楚"的志向。为了报效祖国，她"危局如斯怜惜自身？愿将生命作牺牲"，立誓"拼将十万同胞血，须把乾坤力挽回"，慷慨激昂的斗争意识和牺牲精神动人心魄。就义前，她镇定自若，脱口吟出了"秋风秋雨愁煞人"的绝命词，对于国家局势的忧虑，对于民族命运的担心，尽在一句之中，这七个字饱含了爱国主义的真情。

"爱祖国、爱人民、爱自由、爱正义的诗人是永远不朽的。"屈原的深远影响，不仅在华夏大地，不仅对炎黄后裔，世界和平理事会1953年确定纪念的四大世界文化名人中，就有我们伟大的爱国主义诗人屈原！……

千百年来，无论是当民族危难之际，还是在和平时期锤炼人格、追求真理之时，人们常以屈原的思想和作品作为自己的精神支柱激励自己，获得战胜困难的力量。鲁迅就称屈原为过去时代中少有的具有抗争精神的诗人，还经常以"路漫漫其修远兮，吾将上下而求索"自勉！

公元前340年　正月初七日　屈原生于楚国秭归之乐平里（今湖北秭归县乐平里）。

公元前329年　11岁　居乐平里。小小年纪便做了许多体恤民众的好事，博得众人赞誉。

公元前328年　12岁　读书于乐平里。

公元前324年　16岁　读书于乐平里。作《九章·橘颂》。

公元前323年　17岁　出七里峡，游香溪与长江，读书于昭府，与昭碧霞相爱。

公元前322年　18岁　回故乡乐平里，与昭碧霞定亲。

公元前321年　19岁　秦军犯境，屈原组织乐平里的青年们奋力抗击。

公元前320年　20岁　的屈原应怀王之召出山进京，这一年他在鄂渚为县丞。

公元前319年　21岁　升任楚怀王左徒。这一年的深秋，屈原首次使齐。

公元前317年　23岁　忙于变法改革，制定出台各种法令。

公元前316年　24岁　继续进行变法改革，与旧贵族和一切顽固势力进行斗争。

公元前314年　26岁　怀王使屈原造为《宪令》，屈原属草稿未定，上官大夫见而欲夺之，屈原不与，因谗之……屈原因上官大夫之谗而见疏，被罢黜左徒之官，任三闾大夫之职。

公元前313年　27岁　力谏，不可轻信秦之谎言，怀王不听，命其不得参与朝政。

公元前312年　28岁　怀王复起用屈原以使于齐，齐楚复交。《九歌》约集成于本年夏天

公元前311年　29岁　使齐，顾反，张仪已去，谏怀王曰："何不杀张仪？"怀王悔，追张仪弗及。

公元前310年　30岁　仍事怀王为三闾大夫。怀王悟为张仪所

欺，起用屈原为齐使，盖一时权宜之计，故使齐返而仍被疏。

公元前309年　31岁　不能参与朝政，只能通过昭睢等大臣敦怀王合齐

公元前308年　32岁　居郢都，设坛教学。

公元前304年　36岁　流浪汉北。秦楚复合，与屈原谋划相反，而奸人必有谗言害之，避地汉北，当有不得已之情在，故《抽思》有欲归不得之意。

公元前302年　38岁　忧愁幽思而作《离骚》。

公元前300年　40岁　当领太子又使于齐，

公元前299年　41岁　劝王毋行，说道："秦，虎狼之国，不可信。"怀王不听。

公元前298年　42岁　居郢都。

公元前296年　44岁　被免去三闾大夫之职，放逐江南。他从郢都出发，先到鄂渚，然后入洞庭。《招魂》、《大招》当作于本年。

公元前289年　51岁　居溆浦。

公元前283年　57岁　居南阳里。

公元前282年　58岁　移居汨罗江畔的玉笥山下。

公元前278年　62岁　于5月5日怀石自沉于汨罗江而死。《哀郢》、《怀沙》、《惜往日》作于本年。

屈原生平大事年表